# 阳光、庄稼一样生长

## 高中生心理健康与生涯发展

张连奇 主编

西南师范大学出版社
国家一级出版社 全国百佳图书出版单位

图书在版编目（CIP）数据

阳光、庄稼一样生长：高中生心理健康与生涯发展 / 张连奇主编．-- 重庆：西南师范大学出版社，2021.8
ISBN 978-7-5697-0967-4

Ⅰ．①阳… Ⅱ．①张… Ⅲ．①心理健康－健康教育－高中－教材②职业选择－高中－教材 Ⅳ．① G444 ② G634.931

中国版本图书馆 CIP 数据核字 (2021) 第 141816 号

# 阳光、庄稼一样生长
## ——高中生心理健康与生涯发展

YANGGUANG ZHUANGJIA YIYANG SHENGZHANG

GAOZHONGSHENG XINLI JIANKANG YU SHENGYA FAZHAN

**主编：**张连奇

责任编辑：雷　兮
责任校对：郑先俐
装帧设计：观止堂_未氓
出版发行：西南师范大学出版社
地址：重庆市北碚区天生路 2 号
邮编：400715　　市场营销部电话：023-68868624
http：//www.xdcbs.com
经　　销：新华书店
印　　刷：重庆长虹印务有限公司
幅面尺寸：170mm×240mm
印　　张：10.5
字　　数：260 千字
版　　次：2021 年 8 月第 1 版
印　　次：2022 年 1 月第 3 次印刷
书　　号：ISBN 978-7-5697-0967-4
定　　价：33.00 元

衷心感谢被收入本书的图文资料的原作者，由于条件限制，暂时无法和部分原作者取得联系。恳请这些原作者与我们联系，以便付酬并奉送样书。

若有印装质量问题，请联系出版社调换。

## 编写指导委员会

主　　任：黄月桂

副 主 任：许多焱　黄先华　尹朝勇　王学良　唐明友

　　　　　胡运清　周佐能

指导专家：张仲明　刘可智　谢　梦

## 编写组

主　　编：张连奇

副 主 编：邹　强　何淑清　罗　江　唐　刚　张永鸿

　　　　　唐国成　周从焱　刘大勤　刘大连　陈如君

　　　　　赵柱华　刘　扬　马骏峰　张　洋　张永平

　　　　　凡建军　张天烈

成　　员：唐远琼　唐莉莉　叶　绿　雷园媛　简　丽

　　　　　徐丽媛　周　香　胡潇潇　雷林义　张　莎

　　　　　陈　静　江　霞　武晓玲　赵元莲　杨元红

　　　　　陈　丽　王　萍　黄　琳　石治惠　洪　梦

篇章页插图：胡勇樵

# 真正的强大，是心理的强大

## ——致高中生朋友的信

亲爱的高中生朋友：

你好！告别无忧无虑的童年和天真烂漫的少年，不知不觉间，你已进入人生中一个非常特别的时期。它交织着浪漫的幻想、火热的激情、难掩的幼稚、对成熟的企盼……这段以“青春”命名的高中时光是人生的“黄金时代”，亦是“多事之秋”。青春时代是最美好的，可是，烦恼也如影随形——

我已经努力了，可成绩为何不升反降？

总是控制不住想玩儿手机怎么办？

为什么同学们总是不理解我？

我的性格究竟适合做什么？

考试啊考试，为什么受伤的总是我？

我是谁？我从哪儿来？我要到哪里去？

…………

虽然总为烦恼所困，但走过这段路的过来人都以无比怀念、无比真诚的心对后来者说：“高中是人生新的起点！高中决定你的一生！”

如何面对接踵而至的挑战和机遇？如何过一个有意义的高中生涯？

本书以“阳光·青春”为主题，围绕高中时代容易遇到的学习、人际交往、自我意识、青春期心理、情绪调节、生涯规划等方面的困惑逐一解答，希望对你的成长有所帮助。

真正的强大，是心理的强大！当你静心地感悟一个个挑战中蕴藏的契机时，当你充满智慧地解决一个个人生难题时，你仿佛能听到成长的拔节声，你会迎来内心越来越强大的自己……

编者

2021 年 5 月

# 目录

## 学习心理篇



## 人际交往篇



## 自我意识篇

## 情绪调节篇



## 青春期心理篇



## 生涯规划篇

# 学习心理篇

美国未来学家阿尔温·托夫勒说：“未来的文盲不再是不识字的人，而是没有学会学习的人。”唯有学会学习，才能在不确定的世界里，做好确定的自己。面对浩如烟海的知识，你不仅要“学会”，更要“会学”。如何管理时间，提升专注力？如何养成好习惯？如何提升自控力？……你需要学习的远不止这些。请带上明确的学习目标、浓厚的学习兴趣、科学的学习方法，开始你的学习之旅吧！

# 一、我有好心态

正心以为本，修身以为基。——司马光

真正的强大是心理的强大。——爱因斯坦

如果做好心理准备，一切准备都已经完成。——莎士比亚

这世上除了心理上的失败，实际上并不存在什么失败，只要不是一败涂地，你一定会取得胜利。——亨·奥斯汀

## 心态决定命运

### 秀才赶考

有一位秀才第三次进京赶考，住在一个经常住的店里。考试前两天他做了三个梦，第一个梦是梦到自己在墙上种白菜；第二个梦是下雨天，他戴了斗笠还打伞；第三个梦是梦到跟自己心爱的姑娘背靠背躺在一起。

这三个梦似乎有些深意，秀才第二天就赶紧去找算命先生解梦。算命先生一听，连拍大腿说："你还是回家吧，你想想，高墙上种菜不是白费劲吗？戴斗笠打雨伞不是多此一举吗？与心爱的人背靠背睡在一起，不是没戏吗？"

秀才听了，心灰意冷，回店收拾行李准备回家。店老板非常奇怪，问："不是明天才考试吗，你怎么今天就走了？"

秀才如此这般说了一番，老板乐了："哟，我也会解梦的。我倒觉得，你这次一定要留下来。你想想，墙上种菜，就是'高中'啊；戴斗笠打伞说明你这次是有备无患啊；跟心爱的人背靠背躺在一起，就是说你翻身的时候到啦！"

秀才听了，觉得很有道理，于是精神振奋，留了下来，参加考试中了个探花。

（引自：杨晖《读者文摘精华·成长卷》，北京工业大学出版社，2014。有删改）

看完这个故事，你有怎样的感受呢？对于秀才的梦境，算命先生和店老板给出了不同的解释，对秀才的想法、信念和心态产生了相异的影响。想法和信念不同，心态就不同，结果也不同。

威廉·詹姆斯曾说：播下一种心态，收获一种思想；播下一种思想，收获一种行为；播下一种行为，收获一种习惯；播下一种习惯，收获一种性格；播下一种性格，收获一种命运。心态决定命运。

## 想法改变，结果改变

“学月考试又考差了，我感到很伤心。”“同桌很自私，我不愿意和他坐在一起。”“今天在课堂上说错了话，我感到很难过。”……

表面上看，影响我们心态的是外部事物或已经发生的事情——学月考试没考好、同桌自私、课堂上说错了话……然而，换个角度看，结果迥异——

“学月考试又考差了，我感到很庆幸，因为幸好不是高考，而且通过考试我发现了自己学习上存在的问题。”

“同桌很自私，我愿意和他坐在一起，因为正好可以训练自己和自私的人相处，提升我的人际交往能力。”

“今天在课堂上说错了话，我感到很开心，因为我给大家带来了快乐，而且，我的勇气和能力也得到了锻炼。”

你发现了吗，影响我们的不是某件事，而是我们对这件事的看法或信念。

人们常说的“心态决定命运”，其中的“心态”指的就是内心的想法、信念或评价。

对此，美国心理学家埃利斯的情绪 ABC 理论做了最好的解释。

埃利斯认为，不是由 A（诱发事件）直接引起了 C（情绪及行为结果），而是 A 发生后，经过 B（对事件的看法或信念）的加工后才引起了 C。也就是说，正是由于我们的特定信念——B 中常有的一些不合理的成分，才使我们产生情绪困扰——不良的 C。通常，人们会认为人的情绪以及行为反应是因为自身所经历的事件，但该理论认为，情绪不是由诱发事件本身引起的，而是由经历了这一事件的个体对事件的看法或信念所引起的。

## 我有好心态

### 1. 人生不如意之事，十之八九

请写出目前你遇到的困难。

______________________________

______________________________

______________________________

小组之间相互交流一下，是不是发现每位同学都有自己的烦恼呢？

人生不如意之事，十之八九。在学习和生活中，难免会遇到一些挫折和困难。此时，尤其需要我们拥有好心态。

图 1 我有好心态（绘制人：李泳霏）

## 2. 尝试认知换框法

同一件事情，并不是只有一种理解，找出其中最能给予自己帮助、最能触动自己的认知，可以使该事件由阻碍变成自己成长的助推器，这便是认知换框法。

在生活和学习中遇到难题时，我们常常容易出现不合理的信念，使我们纠结与痛苦，久久不能自拔。此时，尝试采用认知换框法，赋予有益于我们生活与学习的正面意义，突破思维局限，重新建立一种合理的信念，将促使自己重新获得力量。

认知换框法的步骤如下：

步骤一：“因为……所以……。”（负面情绪）

步骤二：“……（所以）我很……。”（与负面情绪对应的正面情绪）

步骤三：“因为……。”（换成新的认知）

步骤四：“最触动我的认知是……”

例如：

步骤一：“因为我期末联考成绩不太理想，所以我感到难过。”（负面情绪）

步骤二：“我的期末联考成绩不太理想，但我很开心。”（与负面情绪对应的正面情绪）

步骤三：“因为这么差的成绩警示我，不能继续像之前那样散漫了，要抓紧时间弥补知识。”（认知一）

“因为老师、同学给了我很多鼓励和建议。”（认知二）

…………（可以有很多个新的认知，请你再补充）

______________________________________________________________

______________________________________________________________

______________________________________________________________

步骤四："最触动我的认知是：因为这么差的成绩警示我，不能继续像之前那样散漫了，要抓紧时间弥补知识。"（或者是你补充的原因：____________________________________________）

你也来试试：

因为作业太多了，所以我感到很烦躁。（负面情绪）

因为作业太多了，所以我感到____________。（与负面情绪对应的正面情绪）

因为：__________________________________________________。（新认知）

最触动我的认知是：____________________________________________。

学习认知换框法，尝试变不合理信念为合理信念，能为你拥有好心态助一臂之力。请多多练习！

### 3. 积极的自我暗示

在心理学上，自我暗示是指通过语言、主观想象的方式来进行自我刺激，进入并利用自我的潜意识，从而改变自我信念、自我行为。积极的自我暗示是对某种事物正面的、有力的、积极的叙述，使我们坚信事物一定会按照我们所期望的积极方向发展。心理学家普拉诺夫认为，积极的自我暗示，能使人的心境、兴趣、情绪、爱好、心愿等方面发生积极变化，从而使人的某些生理功能、健康状态渐渐改善，工作学习能力也在无意中得以提升。

心理暗示通常用现在时态而非将来时态，比如：

"我现在感觉很幸福！"

"我能以精力充沛、精神饱满的状态听课！"

"我特别喜欢我们班上的每一位同学和老师！"

"我考试很放松！"

…………

当然，我们要避开这类暗示雷区：

"我不再偷懒了！"

"千万不要算错！"

"考试时，不要紧张！"

…………

要用肯定的、正面的、积极的语言进行自我暗示，避免我们的"潜意识"

接受错误。自我暗示可以默不作声地进行，也可以大声说出来，还可以写在纸上，更可以唱歌或吟诵。每天做几分钟有效的积极自我暗示练习，我们会更容易创造出我们喜欢的积极生活。

### 4. 立即行动

除了前面的方法，还可以通过一些当下即能采取的简单、具体的行动，让自己拥有好心情。比如，整理书桌、翻开书抄写课文、重新誊写笔记、梳理今天的知识要点等等。

遇到挫折或困难时，问问自己：现在做点儿什么，能让我的状态朝好的方向发展，进而让我一点点好起来？

## 拓展阅读

### 心态决定命运

刘延青

为什么有些人就是比其他人更成功，赚更多的钱，拥有不错的工作、良好的人际关系、健康的身体，整天快快乐乐地过着高品质的人生，似乎他们的生活就是比别人过得好，而许多人忙忙碌碌地劳作却只能维持生计？其实，人与人之间并没有多大的区别。造物主给每个人一样的头脑和四肢，也给他们同样的思维能力和行为能力，还给了每人一天公平的24小时。但为什么有许多人能够获得成功，能够克服万难去建功立业，有些人却不行？

成功的秘密在哪里？

不少心理学家发现，这个秘密就是人的“心态”。一位哲人说：“你的心态就是你真正的主人。”一位伟人说：“要么你去驾驭生命，要么是生命驾驭你。你的心态决定了谁是坐骑，谁是骑士。”

大概四十年前，福建某贫穷的乡村里住了两兄弟。他们经受不住贫穷的环境，便决定离开家乡，到海外去谋发展。大哥好像幸运些，被卖到富庶的旧金山，弟弟则被卖到比中国还穷困的菲律宾。

四十年后，兄弟俩又幸运地聚在了一起。如今的他们已今非昔比了：做哥哥的，当了旧金山的侨领，拥有两间餐馆、两间洗衣店和一间杂货铺，而且子孙满堂，有些继承衣钵，有些成为杰出的工程师等科技专业人才。

弟弟呢？居然成了一位享誉世界的银行家，拥有东南亚相当分量的山林、橡胶园和银行。经过几十年的努力，他们都成功了。但是为什么兄弟两个在事业上的成就，却有如此的差别呢？

兄弟聚头，不免谈谈分别以后的遭遇。哥哥说，我们中国人到白人的社会，既然没有什么特别的才干，唯有用一双手煮饭给白人吃，为他们洗衣服。总之，白人不肯做的工作，我们华人统统顶上了，生活是没有问题的，但是事业却不敢奢望了。例如我的子孙，书虽然读得不少，但不敢妄想，唯有安安分分地去担当一些中层的技术性工作来谋生。至于要进入上层的白人社会，相信很难办到。

看见弟弟这般成功，做哥哥的不免羡慕弟弟的幸运。弟弟却说，幸运是没有的。初来菲律宾的时候，他担任些低贱的工作，但发现当地人有些是比较愚蠢和懒惰的，于是他便顶下他们放弃的事业，慢慢地不断收购和扩张，生意便逐渐做大了。

以上是真实的故事，反映了海外华人的奋斗历史。它告诉我们，影响我们人生的绝不仅仅是环境，心态控制了个人的行动和思想。同时，心态也决定了自己的视野、事业和成就。

（节选自：《写作》2013 年第 12 期，有改动）

# 二、和时间赛跑

时间是最不值钱的东西，也是最宝贵的东西，因为有了时间，我们就有了一切。 ——莱尼斯

时间的步伐有三种：未来姗姗来迟，现在像箭一般飞逝，过去永远静立不动。 ——席勒

时间就像海绵里的水，只要愿挤，总还是有的。 ——鲁迅

抛弃时间的人，时间也抛弃他。 ——莎士比亚

合理安排时间，就等于节约时间。 ——培根

如果有人问你，你拥有多少时间？你的时间都花在了哪些地方，你会怎么回答呢？

我们都不希望白白浪费时间，但很多时候我们却浪费时间而不自知。有人曾粗略地统计过一个活到 73 岁的人对时间的使用情况，如表 1 所示。

表 1　一个活到 73 岁的人对时间的使用情况

| 项目 | 时间 | 项目 | 时间 | 项目 | 时间 |
|---|---|---|---|---|---|
| 睡觉 | 21 年 | 工作 | 14 年 | 个人卫生 | 7 年 |
| 吃饭 | 6 年 | 旅行 | 6 年 | 排队 | 6 年 |
| 学习 | 4 年 | 开会 | 3 年 | 打电话 | 2 年 |
| 找东西 | 1 年 | 其他 | 3 年 | | |

看到这个时间使用表，你想怎么分配自己的时间呢？也请你列一个自己的时间使用情况表。

表 2　我的时间使用情况

| 项目 | 时间 | 项目 | 时间 | 项目 | 时间 |
|---|---|---|---|---|---|
| | | | | | |
| | | | | | |
| | | | | | |

余生中，有多少时间可以做些让你铭记、让别人铭记的事？

和时间赛跑，做好时间管理，需要自省，以此发现自己在时间使用上是否存在问题；和时间赛跑，做好时间管理，恰恰是让你按照你想要的样子活出你的人生！同时，你还能够学会解决那些你在日常生活中遇到的问题。

请郑重地写下对自己的承诺：

我要和时间赛跑，按照自己的意愿过好这一生！

## 时间的价值

### 1. 时间就是生命

医学上有个“黄金救护 4 分钟”：意外大出血、休克、溺水、电击等情况发生后的头 4 分钟，是黄金救护时间。如果超过 8 分钟，救护成功率只有 5%，超过 16 分钟基本上不能救活。海上灾难的黄金救援时间是 12 小时，陆地洪灾的黄金救援时间是 72 小时，火灾的黄金救援和逃生时间为 3 ~ 5 分钟。

### 2. 时间就是财富

贝尔在研制电话时，另一个叫格雷的人也在研究，两人同时取得突破，但贝尔在专利局赢了——他比格雷早了两个钟头。当然，他们两人当时是不知道对方的，但贝尔就因为 120 分钟一举成名誉满天下，同时也获得了巨大的财富。谁快谁赢得机会，谁快谁赢得财富，无论是相差 0.1 秒还是 0.1 毫秒——毫厘之差，天壤之别。

这种现象在投资领域、科学研究领域、竞技场比比皆是。

### 3. 时间就是效益

1987 年，任正非创立了华为技术有限公司，当时注册资本仅有 2.1 万元，主攻的不过是一些小型交换机、火灾报警器等产品的代理销售业务。经过 30 多年的发展，华为已然成长为全球范围内的信息与通信行业的领军企业。

华为作为一个白手起家的民营企业，能够打败众多国外通信行业的百年老店，从中脱颖而出，重要秘诀就是珍视时间。华为人极为珍视时间。任正非说：“时光不能倒流，如果人能够从 80 岁开始倒过来生活的话，人生一定会更加精彩。”任正非要求每个加入华为的员工都参加时间管理培训课程。

在华为，时间管理不是一个目标，而是一种被使用并逐步成为行为习惯的工具。它教会华为人准确地分析自我时间使用状况，根据当前使用状况的判断，对个人的时间安排进行合理化调整。华为人坚信：时间就是生命，时间就是效益。珍惜时间，就是合理使用时间，让单位时间的效益最大化。他们总结出了“时间管理的七大法则”——自省法则、目标法则、方圆法则、四象限法则、精简法则、韵律法则和 80/20 法则，这七大法则是任何一个想要管理好时间的人都不能忽视的。

［推荐阅读：杨雯、易生俊著，《华为时间管理法》（第四版），电子工业出版社 2020 年 7 月出版。］

## 时间管理的秘诀

### 1. 估算时间

你是否经常错误地估算任务所需时间？在时间领域，有一个和墨菲定律同源的“侯世达法则”，即：完成一个任务实际花费的时间总会超过计划花费的时间，就算制订计划的时候考虑到本法则，也不能避免这种情况的发生。

为什么完成任务实际花费的时间总会超过预期呢？

排除拖延的情况，最重要的原因是我们对任务不够熟悉，因此在执行过程中遭遇各种未知的“意外”。

约翰·海斯和本杰明·布鲁斯的研究表明，在几乎所有领域，培养专业技能大约需要 10 年。后来马尔科姆·格莱德威尔把“10 年”换算成更精确的“10000 小时”——想要在某一领域出类拔萃，至少需要 10000 小时的刻意练习。所以，不要再浪费时间懊恼错误地估算时间。现在开始养成习惯：做任何事之前先判断其熟悉程度，再据此判断完成它所需的时间，以便更好地分配时间。

### 2. 四象限法则

要事第一，对遇到的事情进行优先级划分，在正确的时间做正确的事，这样可以保障时间效能的发挥。美国管理学家科维提出“四象限法则”，他按照重要程度和紧急程度两个维度对事情的属性进行划分，将其分为“既紧急又重要”“不紧急但重要”“既不紧急又不重要”“紧急但不重要”这四个象限。四象限法则很容易帮助我们分清事情的轻重缓急，是一种极为有效的时间管理方法。

判断一件事是否真的重要，标准只有一个：是否对目标（无论长短期）的实现有益。

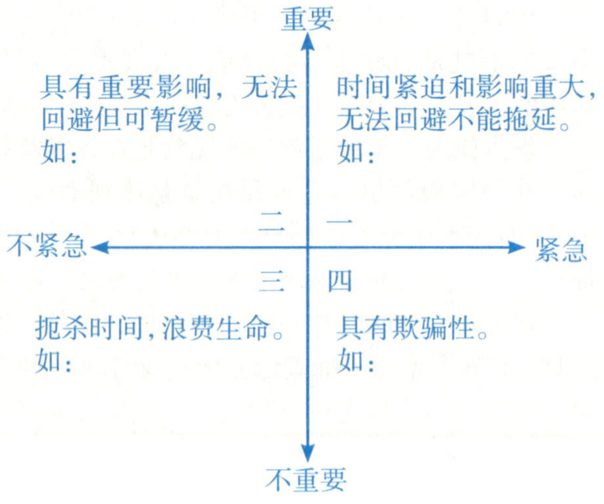


图 2　四象限法则

### 3. 直面困难

你会觉得自己付出了比别人更多的时间和精力，却不如别人学习效率高，学习成绩好吗？因此，你怀疑自己是不是真的“很笨”，怀疑“努力”的价值。

请回想一下，你把“努力”的大部分时间放在任务的简单部分还是困难部分呢？面对学习上的困难，你是如何做的呢？是直面它，还是选择逃避，暗自希望困难什么时候能自动消失……然而，能让人不断进步的是任务的困难部分。

### 4. 制订计划

莎士比亚说：“我们不是计划着去失败，而是失败地计划。”计划成功的前提是：目标现实可行。成功就是“获得预期结果，达到目的”。有了目标就可以倒推每个实施步骤，最终自然地形成计划。所有真正执行到底的计划，都是因为其目标现实可行。

证明自己的目标现实可行的方法很简单：

已经有人做到了。

我与那个人没有太大的差距。

但是“已经有人做到了”，并不代表我也能做到。他用多长时间做到的？通过什么方式？我和他的区别究竟在什么地方？相比之下我的优势在哪里？我有没有可能通过一些方式弥补我的相对缺陷。也许还要思考更多，才能够确定我们的目标确实是现实并且可行的。

现实中，我们常常只有开始行动，才能做出正确的判断。在行动过程中，如果发现既定目标确实不现实、不可行，及时调整乃明智之举。

计划固然重要，但是更重要的是行动。计划无论简单还是复杂，缺乏切实的行动注定会失败。

### 5. 及时行动

行动是改变自己最有效、最直接的方法。只要开始行动，哪怕事先并无计划，往往也会有收获。反之，缺乏行动的计划肯定毫无意义。执行任务，最好的开始时机是现在。所谓拖延，不是拖延着做事，而是拖延着不开始做事。无论你是害怕做错、做不好而拖延，还是过分在意外界的评价而拖延，都会使你患上“拖延症”。

现实中，无论是谁，只要做事，就一定会出问题。如果在做事的过程中没有出现任何问题，那肯定是在做梦。现实中，那些真正能够把事做对、做好的人，绝不会随意嘲弄、打击别人，因为他们非常清楚做对、做好有多不容易，所以他们会不吝一切机会去鼓励那些尝试做事情的人。

### 6. 设定最后期限

你有多少时间完成任务，任务就会自动变成需要那么多时间。如果你有一整天的时间可以执行某个任务，你就会花一天的时间去完成它；而如果你只有一小时的时间可以执行这个任务，你就会更迅速地在一小时内完成它。

在估算任务需要的时间后，请你给任务设定最后期限，让紧迫感帮助自己尽力准时完成。

## 拓展阅读

### 和时间赛跑

林清玄

读小学的时候，我的外祖母去世了。外祖母生前最疼爱我。我无法排除自己的忧伤，每天在学校的操场上一圈一圈地跑着，跑得累倒在地上，扑在草坪上痛哭。

那哀痛的日子持续了很久，爸爸妈妈也不知道如何安慰我。他们知道，与其欺骗我说外祖母睡着了，还不如对我说实话：外祖母永远不会回来了。

“什么是永远不会回来了呢？”我问。

“所有时间里的事物，都永远不会回来了。你的昨天过去了，它就永远变成昨天，你再也不能回到昨天了。爸爸以前和你一样小，现在再也不能回到你这么小的童年了。有一天你会长大，你也会像外祖母一样老，有一天你度过了你的所有时间，也会像外祖母一样永远不能回来了。”爸爸说。

爸爸等于给我说了一个谜，这个谜比“一寸光阴一寸金，寸金难买寸光阴”还让我感到可怕，比“光阴似箭，日月如梭”更让我有一种说不出的滋味。

以后，我每天放学回家，在庭院里看着太阳一寸一寸地沉进了山头，就知道一天真的过完了。虽然明天还会有新的太阳，但永远不会有今天的太阳了。

我看到鸟儿飞到天空——它们飞得多快呀——明天它们再飞过同样的路线，也永远不是今天了。或许明天飞过这条路线的，不是老鸟，而是小鸟了。

时间过得飞快，使我小心眼里不只是着急，还有悲伤。

有一天我放学回家，看到太阳快落山了，就下决心说：“我要比太阳更快地回家。”我狂奔回去，站在庭院里喘气的时候，看到太阳还露着半边脸，我高兴得跳了起来。那一天我跑赢了太阳。

以后我常做这样的游戏，有时和太阳赛跑，有时和西北风比快，有时一个暑假的作业，我十天就做完了。那时我三年级，常把哥哥五年级的作业拿来做。

每一次比赛胜过时间，我就快乐得不知道怎么形容。

后来的二十年里，我因此受益无穷。虽然我知道人永远跑不过时间，但是可以比原来跑快几步。那几步虽然很小很小，但作用却很大很大。

如果将来我有什么要教给我的孩子，我会告诉他：假若你一直和时间赛跑，你就可以成功。

（引自：林清玄《人生不乐复何如》，北京时代华文书局，2018。有改动）

图 3 和时间赛跑（绘制人：李泳霏）

# 三、我很专注

无专精则不能成，无涉猎则不能通也。 ——梁启超

今夫弈之为数，小数也；不专心致志，则不得也。 ——孟子

天才，首先是注意力，注意力是学习的窗户，没有它，知识的阳光照射不进来。 ——乔治·居维叶

专注和简单一直是我成功的秘诀。 ——乔布斯

到最后，你的人生不过是你曾经专注的所有事情的总和。 ——奥利弗·布克曼

能够到达金字塔顶端的动物只有两种，一种是雄鹰，一种是蜗牛。雄鹰之所以能够到达，是因为它们拥有傲人的翅膀；而蜗牛能够爬上去则源自专注——认准了自己的方向，并且一直沿着这个方向努力。

## 测一测

请你看下图 10 秒钟，然后回答下列问题。

图 4 记忆测试图

1. 图 4 中有多少种图形？
2. 你看到笑脸了吗？在哪个位置？
3. 图 4 中有几个五角星？分别在哪个位置？
4. 你看到七角星了吗？有几个？

如果不回看，你能否准确地回答上面的问题？如果不能，你觉得是什么原因导致的呢？

## 认识专注力

### 1. 什么是专注力

注意力是指人的心理活动指向和集中于某种事物的能力。专注力指专心注意，集中全部精力去完成一件事。现代心理学之父威廉·詹姆斯对专注力的定义是：在几个并行的潜在目标或思想碎片之中，意识突然提取了其中一种，使其呈现出清晰鲜明的形象。身处喧嚣之中，却能做到专心致志，这是选择性注意在发挥作用。如毛主席在闹市区中读书。

当海量刺激物源源不断地进入大脑，每种刺激本身都是潜在的注意目标，但选择性注意能让我们只关注一个对象，忽略其他所有东西。大脑前额叶区特定的脑回路对我们想关注的目标能起到强化的作用，既能让我们保持专注，同时对于我们想忽略的东西（比如前排说话的人）起到抑制作用。

### 2. 专注力的作用

注意从始至终贯穿于整个心理过程，只有先注意到一定事物，才可能进一步去记忆和思考等。

注意力是智力的五个基本因素之一，是观察力、记忆力、想象力、思维力的准备状态，所以注意力被人们称为心灵的门户。

人的所有心理活动总是和注意联系在一起，它在各种认知活动中起着主导的作用。

有了注意，我们才能集中精力去清晰地感知一定的事物，深入地思考一定的问题，而不被其他事物所干扰；没有注意，我们的各种智力活动，如观察、记忆、想象和思维等将得不到一定的支持而失去控制。

人不能在同一时间内感知很多对象，只能感知环境中的少数对象。要获得对事物的清晰、深刻和完整的反映，就需要专注。

## 专注的重要性

### 1. 专注力决定行为表现

科学研究表明，专注力决定行为表现。专注力为我们走向卓越插上了一双隐形的翅膀。为研发抗病毒药物，科学家们在显微镜下专注地观察病毒结构；赛场上，射击运动员聚精会神地瞄准靶心取得好成绩……专注力影响着我们工作、生活、学习的方方面面。

专注力越集中，学习的效果越好。当我们专心学习的时候，大脑就会把新的信息映射到我们已知的内容上，从而构建新的神经联结。比如上课时老师讲新的知识点，如果你的专注力与老师保持一致，那么你就能听懂并学会；如果你走神了，你就学不会。因为，如果我们走神，大脑就会激活大量处理与当前学习无关之事的神经回路。因此，不专注，我们就记不住正在学习的东西。

### 2. 走神降低理解力

哈佛大学心理学博士丹尼尔·戈尔曼研究发现，人们看书的时候，通常有 20% ~ 40% 的时间在走神。对于学生来说，走神越严重，理解力越差。学习的核心在于拓展理解网络。在构建理解网络时，走神越多，我们看到的信息就流失得越快。

### 3. 专注力促进记忆力

注意力是记忆力的基础，记忆力是注意力的结果。

巧妙练习的专家安德斯·埃里克森，曾经让美国大学生完全依靠意志学会准确复述 102 个随机数字（要达到这个水平需要 400 个小时的专心练习）。埃里克森发现，敏锐的专注力使学习者找到更为巧妙的记忆方法，比如依靠键盘或意识迷宫。

戈尔曼说："我们可以把专注力视作意识的肌肉，它可以通过锻炼得到强化。记忆可以锻炼意识的肌肉，集中专注力也能起到同样的作用。注意到意识出现漫游，把专注力重新集中于目标，这种意识的锻炼相当于反复做自由重量的举重练习。"

## 如何提高专注力

### 1. 正念冥想

研究发现，冥想对注意系统具有调节作用，能分别提高实验对象的内在注意以及对外部信号的注意能力，降低认知任务中的情绪（尤其是负性情绪）干扰，使个体的注意力能集中于认知任务。短期的冥想练习（IBMT 法），同样可以有效地改善个体的注意力品质。

神经科学家理查德·戴维森说："全神贯注意味着停止'神游'，将全部专注力集中于某个活动。"当我们把注意力完全集中于自己的感觉，大脑就会停止默认的聒噪模式。

冥想的一个根本指导原则是："一旦觉察到自己走神，立刻重新集中专注力。"你可以在网上搜索到大量的冥想引导词，请选择适合自己的进行练习。

### 2. 注意力训练

全世界范围内最简单、最科学，也最有效的注意力训练方法及测试方法是舒尔特方格（图 5）。

| | | | | |
|---|---|---|---|---|
| 1 | 16 | 24 | 9 | 21 |
| 13 | 20 | 18 | 5 | 12 |
| 6 | 10 | 2 | 15 | 25 |
| 14 | 23 | 7 | 4 | 22 |
| 3 | 17 | 19 | 11 | 8 |

图 5 舒尔特方格

寻找目标数字时，你的注意力需要高度集中。经过反复练习，大脑集中注意力的功能就会不断地提高，注意水平就越来越高。

舒尔特方格通过动态练习，锻炼视神经末梢，可以提高视觉定向搜索运动的速度，从而培养注意集中、分配、控制的能力；还能提高视觉的稳定性、辨别力、定向搜索能力。

随着练习的深入，视神经末梢、视觉能力的提高，初学者可以有效地拓展视幅，加快阅读节奏，锻炼眼睛快速认读；高阶段练习者，能达到一目十行的效果。

### 3. 设定目标

清晰明确的目标是集中注意力的首要条件。目标越明确、越具体越好，就像我们练习射击时，瞄准靶心更容易打出好成绩。当我们设置一个有一点难度，但努力一下是可以完成的目标时，很容易进入一种忘我的状态。如图 6。

| | | | |
|---|---|---|---|
| | | 2 | |
| | 4 | | 1 |
| 4 | | | |
| | 3 | | |

图 6 数独

### 4. 借助工具

番茄工作法是公认的能有效提升专注力的方法。设定时长为 25 分钟的番茄钟，启动时便给了意识一个信号——我要开始专注了，与当前任务无关的事情只能等到此番茄钟结束后再去做。通过反复练习，大脑就会习惯这个时间周期。当你需要专注时，无论有没有番茄钟，大脑都会将注意力集中起来，助你专注。

### 5. 兴趣驱动

兴趣是人们求知的一种内在力量。当我们对某一事物有兴趣，就会持续地、专心致志地钻研它，从而提高学习效率。

兴趣发生、发展的过程一般是有趣、兴趣和志趣。培养兴趣可以从对事物产生好奇心，发现有趣开始，带着疑问，用研究的心态去面对。

当你长时间积极关注一件事，久了你就会对此产生兴趣。

图 7　我很专注（绘制人：胡秋霞）

## 拓展阅读

### 提升专注力的正念冥想引导语

今天，我们一起来做一个集中注意力的冥想练习。在这个冥想练习中，请把所有的注意力放在呼吸的体验上，在练习过程中如果发现自己走神了，你只需要重新集中注意力。

请以放松的姿势坐下来，选择一个让自己感觉舒适的坐姿，你可以闭上眼睛，也可以将你的目光向下，渐渐地弱化你眼前的视野。

保持舒适的坐姿，现在，让注意力专注在你的身体上，专注在此时此刻身体的感觉上，专注于你的双脚、双腿、臀部与椅子和垫子接触的感觉。

继续关注你的坐姿，看你是否以一种后背挺直但不僵硬的姿态坐着。放松身体，自然地呼吸。

现在开始关注你的呼吸，引导你的注意力到呼吸的感觉上，觉察每一次吸气时的感觉和每一次呼气时的感觉，感受此时气息进出身体的感觉，坚定而温和地引导全部的注意力在呼吸的体验上。专注在这个完整的呼吸循环上。

如果你发现自己走神了，这很正常，注意力可能会游离很多次，此时，你可以给这次走神打个标签，或什么也不用做，只是轻轻地但坚定地把注意力转移到呼吸上。

让注意力集中在吸气和呼气的体验上，集中在完整的呼吸循环上。不用去想这对你有什么意义，只是集中注意力在此刻的呼吸上。

如果再次发现注意力不在呼吸上了，和上次一样，记录一下或什么也不做，然后温柔但坚定地将注意力转移到呼吸上，用一种和善、温柔、坚定和专注的方式把你的全部注意力集中在整个呼吸的过程中，这是一个集中注意力在呼吸上的过程。

保持自然的呼吸，在我们即将结束这个练习前，请你按照自己的节奏做三次深一点的呼吸。

现在，如果你准备好了，请睁开你的双眼。

（引自：丹尼尔·戈尔曼《专注》，杨春晓，译。中信出版社，2015。有删改）

这就是提升专注力的冥想练习，坚持练习，你会发现它对培养冷静和专注的心态很有用。你可以请他人给你念指导语，配上轻柔的音乐，也可以自己念指导语然后录下来听。注意一定要节奏缓慢、声音轻柔温和且有力。

# 四、我有好习惯

少成若天性，习惯如自然。 ——孔子

积千累万，不如养个好习惯。 ——叶圣陶

习惯真是一种顽强而巨大的力量，它可以主宰人的一生。 ——培根

思想引导行为，行为养成习惯，习惯造就性格，性格决定命运。

——约·凯恩斯

良好的习惯乃是人在其神经系统中存放的道德资本，这个资本不断地增值，而人在其整个一生中就享受着它的利息。 ——乌申斯基

有一种现象叫作“飞轮效应”，为了使静止的飞轮转动起来，一开始我们就必须用很大的力气，一圈一圈反复地转，每转一圈都很费力，但是每一圈的努力都不会白费，飞轮会转得越来越快，当达到某一临界点后，你就不必再费更大的力气，飞轮依旧会不停地快速转动。

我们的学习也是一样，学习不是玩乐，开始可能会感觉很累，但只要坚持不懈，逐渐养成良好的学习习惯，看上去很累的学习就会变得轻松，优秀也成自然了。

## 怎样认识学习习惯

### 1. 习惯是什么?

心理学研究表明，习惯是指在一定情景下，人们自动去进行的某些活动的特殊倾向。它是构成一个人个性的重要内容之一，也是一个人个性心理特征的主要标志。习惯就是由于一定的情景刺激与某些动作在大脑两半球上形成的暂时的神经联系，当个体在相同或相似的情景刺激下，就能自动地进行相应的动作。这样就能把信念变成习性，把思想化为行动。

### 2. 习惯的特点

（1）习惯指向的活动性

习惯不会指向具体的客观事物，而是指向从事某种活动。

（2）习惯的后天性

习惯不是出生就有的，而是在成长环境影响和教育培养的共同作用下形成的。

（3）习惯的稳固性

习惯一旦形成，自动化的倾向使其难以改变，即使要刻意去改变，也会带来不适，改变需要建立新的习惯来替代原有的习惯。

（4）习惯的省力性

任何一种习惯一经养成，大脑皮层就会根据刺激物的特点，按照稳定的先后顺序和固定的强弱位置而自动化地进行一系列的条件反射活动，就不需要别人再去帮助提醒。

（5）习惯的两极性

习惯的特点是不分好坏的，但习惯对人的影响却有利弊之分。好的习惯能使人终身受益，坏的习惯也能成为人一辈子的绊脚石。

### 3. 良好学习习惯的重要性

养成良好的学习习惯有利于激发学习积极性和主动性，形成学习策略，提高学习效率，提升学习能力。是否养成良好的学习习惯影响着一个学生能否全面发展。高中生的学习习惯是影响学生成绩的一个重要因素，也是学会学习的一个重要指标。良好的学习习惯能让人终身受益。

高一是一个新的开始，在这个阶段，我们更需要养成良好的学习习惯，纠正不良的学习习惯，为以后的学习提供必要条件。

图 8 我有好习惯（绘制人：熊佳欣）

## 高中生应养成的学习习惯

小组交流：以小组为单位，分享自己对学习习惯的认识，完成表 3。

表3 对学习习惯的认识

| 我的好习惯 | 我的坏习惯 | 我发现别人的好习惯 | 我发现别人的坏习惯 |
|---|---|---|---|
| | | | |
| | | | |
| | | | |
| | | | |
| | | | |
| | | | |

学习习惯是经过长期反复训练才养成的，对照一下，你是否养成了以下好习惯？

### 1. 确定目标、制订计划的习惯

高中生对学习应该有明确的学习目标和计划，学习才能有的放矢。在制订目标和计划前特别需要考虑其可行性，确定恰当的目标、制订合适的计划，才能定时、定量地完成。明确的学习计划可以确保学生不浪费时间，了解自己的学习进度，明确哪些事情等着做，并有助于对计划执行情况进行自我评估和及时调整。

### 2. 重视“预习—听课—复习—作业”四大环节

预习是学会学习的开始，通过预习，可以明确知识障碍，使听课更有针对性，提高听课效率，将学习的主动权掌握在自己手里。预习需要安排好时间，提出问题、圈圈点点，让预习更有效。听课时集中精神，眼看课本和板书，耳听教师讲解，按要求读、说，并参加小组活动，手记笔记或勾画要点，主动思考，提出问题，调动多种感官参与听课。做作业之前先复习，把握记忆规律，将知识归纳整理、融会贯通。复习之后的作业需要认真完成，通过作业应用知识、巩固知识，做到“像考试一样完成作业”，考试的时候就不会紧张。

### 3. 养成质疑解疑的自学好习惯

提出问题是独立思考的体现，能发现问题并提出问题，需要对知识进行整合，此过程能促进自己对知识的评价，也能为自己的知识寻找新的增长点。通过自己的一番努力而探索到的知识，印象更深刻，在这个过程中感受到的快乐也能促进对学习的热爱。在探索知识的过程中，发挥自己的主动性，勤查工具书或资料，并能通过动手实践进一步验证知识，将教师的点拨和资源的应用有机结合，主动支配自己的学习行动，才能逐渐形成终生有效的自学能力。

### 4. 坚持积累

知识积累不仅仅局限于课堂，作业中、课外阅读中获得的知识也可以积累起来，成为宝贵的财富。做积累本，是将新增的知识留下来的直接而有效的方法。随时积累，随处积累。积累的内容可以是名言、单词、错题，也可以是新知识点、新解题技巧等。

### 5. 阅读习惯

阅读可以让你攀上知识的天梯，让你搭乘真理的方舟，让你探寻生命的密码，让你解密人生的方程。时代在进步，科学技术在发展，阅读才能让知识不断更新，就像流水才能保持新鲜。现在的阅读渠道有多种，纸质书籍、电子书籍、各种 App、有声资源等。但有针对性地选择，并选择有益的书籍和准确的信息才有助于自己的提高。在阅读中将略读和精读相结合，不忘做好读书笔记，积累知识，阅读才能更有意义。

### 6. 养成良好的书写习惯

古人云，用笔在心，心正则笔正，笔正乃可法矣。课堂笔记、课后作业、考试试卷规范书写，字迹工整、条理清晰，不随意、不潦草，可促进严谨治学态度的形成，也可减少不必要的错误，更准确地表达自己的想法。

讨论：在良好的学习习惯的养成中，你遇到了哪些困难？解决的办法是什么？

______________________________________________

______________________________________________

______________________________________________

______________________________________________

## 怎样培养良好的学习习惯

### 1. 抓住习惯养成的关键期

习惯的养成有两个关键期：一个是儿童时期，一个是青少年时期。高中阶段，个体的身心发展迅速，逻辑思维趋于成熟，特别是高一，学生的智力表现和学习成绩都可能有较大的变化。此时的高中生已形成一些基本的学习习惯，如果能继续优化，培养更好的学习习惯并固定下来，将为此后的终身学习打下坚实的基础。

### 2. 自我觉察，严格要求，并持之以恒

学习习惯的养成首先是自我觉察，意识到习惯养成的重要性和紧迫性，知

晓自己亟须养成哪些习惯。其次是严格要求，并持之以恒。教育家曼恩说，习惯仿佛一根缆绳，我们每天给它缠上一股新索，要不了多久，它就会变得牢不可破。习惯的养成需要从点滴抓起，严格要求、坚持不懈、日积月累，从而达到由少到多、由单项到系列、由部分到整体的全方位提升。

### 3. 向老师和家长借力

习惯的形成遵循从他律、自律到自动化的过程。因此，在习惯养成的初期和中期，主动寻求他人（尤其是老师和家长）的监督和帮助，能起到很好的促进作用。荀子说，君子生非异也，善假于物也。聪明的同学会主动向老师和家长借力，向老师寻求适时的方法点拨、对纠正不良习惯的及时提醒，寻求家长的鼓励和监督，从而促使自己在良好习惯的养成上，从他律走向自律，最后达到无须提醒也能做到的自动化状态。

## 活动

积累我的好习惯：我的美习存折。

表 4 美习存折

| 储存日期 | 储存内容 | 价值 | 感受 |
|---|---|---|---|
| | | | |
| | | | |
| | | | |
| | | | |

## 拓展阅读

### “天价”的习惯

1992 年的某个周四的下午，比尔·盖茨来到纽约的一所小学，看望那里的师生，并且给全体小学生做了一场励志报告。临走时，盖茨表示，自己会在某个周四的下午再次来学校看望大家，如果发现到时谁的课桌收拾得最整洁、最有条理，谁就会获得他免费赠送的一部个人电脑。电脑在当时还非常昂贵和稀有，大家自然都希望能得到。

因此当盖茨走后，每逢周四的下午，大家都会不约而同地将课桌收拾得整整齐齐，因为这是盖茨承诺的来访时间，而其他时候则不愿意动手收拾。但有一个学生却觉得盖茨有可能会在周四的上午就来，于是，每个周四的上午他就开始动手收拾课桌。

之后，他又觉得盖茨也许会在除周四之外的其他日子里来访，于是他又决定每天都要收拾一次课桌。可是，每次收拾后不久，桌子便又会乱了，他想，如果这个时候盖茨恰巧来了，那么自己之前付出的劳动和坚持岂不是白费了？

于是，他又决定，必须要让自己的课桌每时每刻都保持整洁，这样就万无一失了。

可遗憾的是，盖茨此后一直也没能再来，其他的同学早就忘记了要继续收拾课桌，但这个学生却因此养成了一个随时保持整洁的习惯，并且从此学会了做事一定要有条理性和坚持性，这让他在后来的人生中受益匪浅。

多年后，他终于再次见到了盖茨，但这次见面，盖茨并不是为了兑现当年的承诺——送他一台电脑，而是来送给他一件更大的礼物——用 2.4 亿美元购买他公司 1.6% 的股权，这还是因为他感激当年盖茨对他的无形影响而做出的让步。

不错，他创立的公司就是世界第一社交网站脸书（Face Book），他就是马克·扎克伯格。

习惯是一个人思维和行动的真正领导者，从小培养起来的良好习惯，将会影响一个人的一生，坚持下来就意味着能踏上成功的列车。

（引自：夏林《再读社会》，光明日报出版社，2015。有删改）

# 五、我能自控

知道在适当的时候自动管制自己的人才是聪明人。——雨果
胜人者有力，自胜者强。——老子
志不强者智不达，言不信者行不果。——墨子
古今成大事者，不惟有超世之才，亦必有坚韧不拔之志。——苏轼
自我控制是最强者的本能。——萧伯纳

## 延迟满足实验

20世纪60年代，斯坦福大学的心理学家沃尔特·米歇尔招募了一群四岁的孩子，给每个孩子发了一颗糖，告诉他们："你们可以随时吃掉，但如果能坚持等我回来后再吃，就能得到两颗。"

面对糖果的诱惑，有的孩子迫不及待地就把糖吃了，有的孩子忍了一会儿，还是经受不住煎熬吃掉了糖，大约1/3的孩子坚持等到米歇尔回来，得到了事先许诺的两颗糖。

米歇尔对这些孩子进行了追踪调查，直到他们高中毕业甚至35岁以后。结果发现，当年"等待久能自控"的孩子，不仅语言和算术总分比"抵御不住诱惑"的孩子高出210分，更重要的是，他们能更好地应对挫折和压力，更具有责任心和自信心，容易赢得别人的信任。而那些"抵御不住诱惑"的孩子，抗挫能力较差，做事效率较低，自信心和责任心都不强，更容易出现行为问题。

这就是著名的"棉花糖实验"，又叫"延迟满足实验"。

思考：棉花糖实验给了你什么启示？

---

## 你的自控力如何？

自控力与意志力有着紧密的联系，自控力强的人一般意志力也比较强。如果你想了解自己的自控力，可以做做下面的意志力测试量表。

指导语：下面是一些选择题，请你根据自己的实际情况做出选择，然后按照题目后面的计分方法算出总分。

A. 很符合自己的情况

B. 比较符合自己的情况

C. 难以回答

D. 比较不符合自己的情况

E. 很不符合自己的情况

（ ）1. 当我决定做一件事时，就马上动手，决不拖延。

（ ）2. 我给自己制订的计划常常不能如期完成。

（ ）3. 我能长时间地做一件枯燥却重要的事情。

（ ）4. 在练长跑时我常常不能坚持跑到终点。

（ ）5. 我没有睡懒觉的不良习惯，即使冬天也能按时起床。

（ ）6. 如果我对某件事不感兴趣，我就不会努力去做。

（ ）7. 我喜欢长跑、登山等可以考验自己毅力的运动。

（ ）8. 在遇到困难时，只要有可能，我就立即请求别人帮我。

（ ）9. 读书期间，没做完功课我就不会去玩。

（ ）10. 面对复杂的情况，我常常优柔寡断，举棋不定。

（ ）11. 只要学习需要，没有人强迫我，我也可以自觉坚持一个月不看电影或电视。

（ ）12. 我有时决心从第二天开始就做某件事，但到了第二天我的劲头就消失了。

（ ）13. 我答应别人的事情，就不会食言。

（ ）14. 如果我借到一本引人入胜的小说，我会忍不住在上课时拿出来偷看。

（ ）15. 我敢在冬天用冷水淋浴。

（ ）16. 在我遇到问题举棋不定时，就希望别人来帮助我做决定。

（ ）17. 我感到制订计划应有一定余地，免得完不成时太被动。

（ ）18. 在与人争吵时，尽管明知自己不对，我也会忍不住说一些使对方感到难受的话。

（ ）19. 读书期间，我决不拖延应交的作业，常常做到很晚。

（ ）20. 我比一般人更怕痛。

计分方法：

题号为单数的题目计分标准为：A 记 5 分，B 记 4 分，C 记 3 分，D 记 2 分，E 记 1 分。

题号为双数的题目计分标准为：A 记 1 分，B 记 2 分，C 记 3 分，D 记 4 分，E 记 5 分。

结果解释：

20 ～ 35 分：意志力很薄弱。

36 ~ 51 分：意志力较薄弱。
52 ~ 68 分：意志力一般。
69 ~ 84 分：意志力较坚强。
85 ~ 100 分：意志力很坚强。

## 提升自控力的方法

著名心理学家凯利·麦格尼格尔在其畅销书《自控力——斯坦福大学最受欢迎心理学课程》中，基于心理学的科学研究，提出了很多超棒的建议，比如：不因部分挫败而放弃整个计划、增强与“未来自我”的连续性、充足睡眠、主动休息、合理饮食、训练身心、回忆你的决定、为自己找个意志力榜样等等。

这里重点给大家介绍四种方法：

### 1. 增强自我意识

（1）自我意识是提升自控力的前提

提升自控力的第一个法则也是最关键的法则——做决定时，必须意识到此刻需要意志力。否则，我们的大脑会默认选择最简单的，也就是我们失控时选择的那个最快满足自身需求的选项，比如打游戏、玩手机。而且，很多人做决定时，根本意识不到自己为什么做决定，甚至不知道自己已经做了决定。所以，自我意识是提升自控力的前提，唯有增强自我意识和自我觉察，才能更好地拒绝诱惑。

（2）增强自我觉察

当“棉花糖”变成了刷手机、玩游戏、睡懒觉、无节制上网……你可以通过冥想、静心，增加一分自我觉察和自我提醒：若我是意志力强的人，面对这些诱惑，应该怎么做？是让手机、网络服务于学习，还是甘愿被它们“奴役”？是心怀明确的学习目标，还是漫无目的随心所欲？……

### 2. 给自己找个意志力榜样

（1）自控力会传染

自控力是会传染的，比如一个人去跑步锻炼，可能很快就放弃了，但是和同学、小伙伴一起，就很容易受到感染和鼓舞，坚持得更久一些。为什么会这样呢？因为我们的大脑中存在着镜像神经元。镜像神经元是指能直接在观察者大脑中映射出别人的动作、情绪、意图等的一类具有特殊映射功能的神经元，它像镜子一样，可以无意识地复制和重复别人的动作。当看到同伴在运动场上奔跑、在书桌前专注读书时，我们大脑中相同的脑区也会被激活，更容易无意识地模仿和学习这些积极行为。

（2）为自己找个意志力榜样

研究发现，熟悉的人比陌生的人更有传染性，社会关系紧密的人影响力更大。在班上，在身边，你的意志力榜样是谁呢？

跟同学介绍一下你的意志力榜样：

______

______

______

## 3. 每天列任务清单（to do list）

当我们把每天要做的事情做好整理、写下来的时候，就减少了大脑的认知负荷。同时，有了一张任务清单，每做完一项画一个钩，就获得了及时自我反馈的机会。这个画钩的过程，是一种自我犒赏，会带来很大的精神愉悦感，并激发我们继续完成任务。

请你尝试列一张今天的任务清单：

有同学说，我也列过任务清单，列完时，看着满满一页纸，很满足，但随后又因无法完成而感到自责。其实，我们每天要做的事情有很多，列在清单上的事情应注意轻重缓急，要尽量列“重要且紧急”的事情。著名教育家马卡连柯认为，坚强的意志不但是想什么就获得什么的本事，也是迫使自己在必要时候放弃什么的本事。砍掉那些“不重要”的事，方能充实且轻松地前行。

## 4. 打造自律的环境

自控力是一种有限的资源，如果每次都靠自我提醒或自我逼迫，会很“耗能”，也会觉得很累。有学者发现，高度自律的人，并不是依靠意志力完成自控的，他们更擅长打造一个诱惑很少或能诱导积极行为的外在环境。故曾有人提出：“天将降大任于斯人也，必先卸其QQ，封其微博，删其微信，去其贴吧，收其电脑，夺其手机，摔其iPad，断其Wi-Fi，剪其网线，使其百无聊赖，然后静坐、喝茶、思过、锻炼、读书、弹琴、练字、明智、开悟、精进，而后必成大器也。”

你不妨为自己打造一个抵制诱惑、排除干扰的自律环境。比如，让书桌远离床，减少一不小心就躺下的机会；让好吃好玩的远离作业任务，减少被“干点儿其他事情”诱惑的机会；上网课时，关掉其他网页，让网课视频占据全部视野，减少被其他网页信息诱惑的机会。总之，诱惑少的环境，更能诱导出自律的行为。

图9 我能自控（绘制人：易琳格）

## 活动

1. 用2分钟的时间整理一下自己的书桌。
2. 你还有哪些提升自控力的方法呢？

3. 公布自己的意志力挑战，及时记录并与同学分享。

我的意志力挑战

| |
|---|
| |

## 拓展阅读

### 论毅力

梁启超

天下古今成败之林，若是其莽然不一途也。要其何以成，何以败？曰：“有毅力者成，反是者败。”

盖人生历程，大抵逆境居十六七，顺境亦居十三四，而顺逆两境又常相间以迭乘。无论事之大小，必有数次乃至十数次之阻力，其阻力虽或大或小，而要之必无可逃避者也。其在志力薄弱之士，始固曰吾欲云云，吾欲云云，其意以为天下事固易易也，及骤尝焉而阻力猝来，颓然丧矣；其次弱者，乘一时之意气，透过此第一关，遇再挫而退；稍强者，遇三四挫而退；更稍强者，遇五六挫而退；其事愈大者，其遇挫愈多；其不退也愈难。非至强之人，未有能善于其终者也。

夫苟其挫而不退矣，则小逆之后，必有小顺；大逆之后，必有大顺。盘根错节之既经，而遂有应刃而解之一日。旁观者徒艳羡其功之成，以为是殆幸运儿，而天有以宠彼也，又以为我蹇于遭逢，故所就不若彼也。庸讵知所谓蹇焉、幸焉者，彼皆与我之相同，而其能征服此蹇焉，利用此幸焉与否，即彼成我败所由判也。更譬诸操舟，如以兼旬之期，行千里之地者，其间风潮之或顺或逆，常相参伍。彼以坚苦忍耐之力，冒其逆而突过之，而后得从容以进度其顺。我则或一日而返焉，或二三日而返焉，或五六日而返焉，故彼岸终不可得达也。

孔子曰：“譬如为山，未成一篑，止，吾止也；譬如平地，虽覆一篑，进，吾往也。”孟子曰：“有为者，譬如掘井，掘井九仞，而不及泉，犹为弃井也。”成败之数，视此而已。

# 人际交往篇

古希腊哲学家亚里士多德说："一个人不与他人交往，他不是神，就是兽。"学会交往，是一生的课题。"人"字的结构相互支撑，人生需要相互鼓励和支持。有人说，亲人是上天赐给我们的朋友，朋友是我们自己寻找的亲人。我们，离不开交往；我们，离不开友谊。如何与人交往，如何获得真正的友谊？愿你阅读着，实践着，反思着，成长着。

# 六、学会共情

己所不欲，勿施于人。——孔子

你希望别人怎样对待你，你就应该怎样去对待别人 。——《圣经》

共情，一种未被欣赏的存在！——卡尔·罗杰斯

用共情这束光，穿透痛苦和恐惧的漫漫黑夜，找到我们生而为人的共通之处。——亚瑟·乔拉米卡利

## 认识共情

### 1. 什么是共情

小莉同学是一名高二学生，平时花费最多时间的英语科目，在这次摸底考试中没有达到预期目标。看着自己试卷上刺眼的分数，小莉忍不住掉下了眼泪。

小华走过来安慰道："你这分数比我高了好多呢，我比你考得还要差，看开点！"

小夏走过来安慰道："你把自己的目标定低一点，考试嘛，尽力就好了啊！"

小安走过来拍拍小莉肩膀："你考试前付出了很大的努力，在英语上又花费了大量的时间，考试结果没有达到预期，实在是太令人难受了！"

小华、小夏、小安三人，谁的安慰更舒心？为什么？

________________________________________

________________________________________

________________________________________

丹麦著名心理治疗师伊尔斯·桑德在《共情沟通》中提到一个观点：给予一个人足够的倾听、积极关注、共情，他会自己疗愈自己，自己找出办法来。可见，给予小莉足够的共情，有助于她的自我疗愈。

小安的回应具有共情的力量，你判断对了吗？

"共情"（empathy）又叫通情达理、同感心、同理心等，指设身处地地理解对方，即 Put one's feet in other's shoes（把自己的脚放进别人的鞋子里）。具体来说，就是站在对方的角度考虑问题，能够理解对方的情绪、感受和观点，并将之传达给对方，让对方有被理解和认同的感觉。

### 2. 共情不等于同情

生活中，有人将同情与共情混为一谈。事实上，共情与同情有很大差别。

短片《同理心的力量》对二者的区别进行了形象的说明。

当一个人陷入负面情绪，就好比掉入了陷阱，他从下面大喊：“我被困住了，这里好黑，我快受不了了！”

路人甲趴在洞口往下张望，说：“哇，真糟糕啊，对吧？”然后挤出一个勉强的微笑说：“呃，现在你想要来点三明治吗？”

而路人乙开始尝试着一边向下爬，一边说：“我知道在这下面是什么样子，你并不孤单。”接着尝试这样说：“你并不需要马上开心起来，你可以待在难过里面，跟这种情绪相处一会儿，我会陪着你。”或者说：“我现在也不知道该说些什么，但我还是很感激你告诉我这件事情。”

谁的回应是共情，谁的回应是同情呢？

显然，甲给予的是同情，而乙在共情。因为，有同理心的人，能够站在对方的角度考虑，寻求情感的连通，努力靠近对方的真实感受。

总之，共情是感他人所感，也就是说产生共情的个体自身也会体验到他人的情绪；而同情并不意味着需要和他人共享情绪体验，相反，同情是以温暖感、关心和关爱他人为特征的一种强烈的提升他人幸福感的动机。

## 共情促进与他人联结

有位朋友，他人缘好、人脉广，还很会照顾人。当年他创业的时候，四面八方都有人帮忙。我们问他怎么“修炼”的，他讲了一个这样的故事——

高中时他搬了新家，隔壁的男主人是位警察。高三的某天，这位警察因公殉职了，只剩下10岁的儿子和孩子的妈妈。以前他放学回家，从不拿钥匙，会喊爸爸来开门。邻居警察过世后，爸爸特别嘱咐他，以后你自己带钥匙开门，别喊爸爸给你开了。朋友问为什么。爸爸说：“你一喊爸爸，隔壁小男孩听见会不好受的。”

从此以后，他知道别人可能会有不愿提起的东西或者不好受的某个点，他都会刻意避开，不小心提起也会立刻道歉。即使在一起有人不小心提起，他也会帮别人解围化开僵局。

父亲的共情，传递给了他。事无巨细都能为别人着想，所以他才会有这么多知心好友，人们也愿意和他合作。学会共情，可以让善良更体贴。而善良的人，都是有福气和好运的。

（引自：新华社客户端《最高级的善良，是学会共情》，https://baijiahao.baidu.com/s?id=1682346593860231700&wfr=spider&for=pc，有删改）

研究发现，共情能力与亲社会行为具有显著的相关性。亲社会行为是指一切有益于他人和社会的积极行为，包括助人、利他、分享、安慰、合作、捐助、关心等，而亲社会行为是建立良好人际关系的关键，因此拥有良好共情力的人，更善于使用积极行为与别人交往，从而赢得更好的人缘。

小爱是小兰的室友，平时也没有很深入的交流和沟通，只是很平常的室友关系。有一天小兰先回宿舍了，看到小爱一个人在那儿哭，就走过去拍了拍小爱的肩膀，关切地问发生了什么。小爱抬眼看到了小兰，“哇”的一声，握着小兰的手哭得更厉害了，稍稍平复之后才说：“刚打电话回家，家里人为了不影响我考试，没有告诉我一周前，奶奶去世了。”小爱很生气，气他们为什么要瞒着自己，让她没能见奶奶最后一面，她说自己可是从小被奶奶带大的呀！小兰不知道怎么安慰小爱，只是轻拍她的背，说道：“我能感受得到，奶奶去世，让你感到很痛苦！对吧？家里人还没有及时告诉你，让你去看望奶奶，你感到很生气。”小爱委屈地点点头，抱着小兰再一次哭了出来。

图 10　学会共情（绘制人：何芷乐）

很奇妙，那天晚上之后，小爱每次去接水都会帮小兰接一杯，会主动问小兰要不要一起去吃饭，或者帮她带点什么需要的东西，等等。小兰感受得到小爱很主动地在靠近她，希望和自己成为好朋友，为此小兰也很开心。平时自己的好朋友不多，能够和室友更近一步，也是非常不错的。

会共情的人，在生活中能够让别人感受到对他人的理解，会走进别人的内心。善于将共情的能力运用在人际交往中，能为你赢得好人缘，增加你的社会支持系统。

## 学会共情

### 1. 投以善意的关心——倾听

展示自我是人类具有的根本性动机，当然，自我展示的方式不止一种，我们常常用自我擅长的某一方式，例如绘画、唱歌等艺术活动，写书或者写文章，着装时尚或者化妆等手段进行自我展示，而说话是一种尤为轻松且有效的自我展示方式。当我们在说自己的故事时，就希望别人能够倾听和理解。“如果你对别人投以善意的关心，别人就会对你投以善意的关心”，而投以善意的关心的绝佳方式之一就是倾听。

想一想：倾听应该注意些什么问题呢？

带着好奇去倾听，设身处地地理解交谈者的想法和感受，不要用你自己的价值观来判断对方是“好”还是“坏”，点头注视，积极关注。

当然，时不时地重复对方的话语，会让对方觉得你听得很认真。例如：

说话者：“演讲比赛的时候，竟然在台上忘词了，台下这么多观众看着我，我表现得真是太令人失望了，我真是没用！”

你：“啊，你在演讲台上忘词了？”

说话者：“是啊，大伙都望着我呢，真的太难受了！”

### 2. 总结对方的感受并重复

如下场景，你会怎么回答呢？

参加篮球比赛的朋友们垂头丧气地对你说：“第一次上场比赛，一个球都没有进……”

A. 你们那么努力地练习，真是太遗憾了！

B. 没关系，下次一定可以进球的！

C. 要是再好好练习一下就好了，重要的是学会分析原因。

把自己想象成对方，感受说话者当时的心情来表达，对方就会感到“你明白我的感受，你能接受我这种感觉”。A 选项就是共情的表达，而 B、C 是一种否定说话者感受的回答，没有站在对方的角度去理解，而是扮演着旁观者和说教者的角色，不能让对方感受到被理解。

拥有共情力的人，几乎从不会说：

“至少你……”

“我曾经也……”

“是的，我们每个人都总是这样做……”

“你知道这意味着什么吗？”

我们总是试着帮助说话者找到一丝希望，可这些话语并不是对方想要听到的。

“我这次数学考得很差，我明明那么用功！”

“别难过，至少你及格了啊！”

“我对他们这么好，他们还要孤立我！”

“你知道这意味着什么吗？”

同学们请感受一下，用这些话语交流，听起来是不是让人内心很难受呢？或许，听到别人诉说艰难和痛苦，不知道怎么回答的时候，你可以说：“唉……我现在真不知该说些什么，但我还是很感激你告诉我这件事。”因为我们知道，几乎不可能仅仅依靠一句话就让事情变好，而真正能让事情变好的是心与心之间的连接与支持。

## 我来试一试

晓梅觉得自己今天倒霉透了，下楼梯时不小心摔了一跤，排队吃饭的时候发现饭卡不见了，课堂作业交错了本子，总之哪儿都不顺……

你的回应：

______________________________

______________________________

______________________________

王杰同学说：“在家上网课的时候，下课刚拿起手机准备看一下时间，结果妈妈进来看见了就指责我，不用心好好上课，只知道玩手机……”

你的回应：

______________________________

______________________________

______________________________

## 活动：你的烦恼，我能懂

1. 同桌互相诉说自己最近的烦恼，彼此采用共情的方式一起交流。

2. 用文字来理解沟通。

表 5 同桌沟通表

| 我最近的烦恼 | 我能理解你（同桌填写） |
| --- | --- |
| | |

## 拓展阅读

### 学会换位思考

曾溢滔（遗传医学专家、中国工程院院士）

我对我的同事和学生有一句口头禅："假如我是他……"这是我思考问题常用的一种方式。我觉得，这种思维的换位，有利于我不断地进取，不断挑战自我。有人说我有"思维多动症"，但这种换位思考，能激起我的创新灵感。正是这种不只站在自我角度看问题的习惯，让我想问题想得早一些，想得多一些，想得远一些，常能预见困难并尽早想办法克服。

事实上，我对在日常生活中所碰到的每一件事，遇到的每一个人，我都会想：假如我是他，我会怎样做？这种思考方式，不仅帮我更有效地阅读文献，更促使我无时无刻不在思考、学习和提高。在处理各种关系时，学会换位思考，设身处地地站在别人的角度去想问题，也更容易把关系处理好。

（引自：《初中生》2002 年第 17 期，有删改）

# 七、学会拒绝

拒绝是一种权利，就像生存是一种权利。——毕淑敏

不要害怕拒绝别人，如果自己的理由出于正当。——三毛

拒绝别人一定要委婉，因为没有人喜欢被拒绝；被别人拒绝一定要大度，因为拒绝你的人总有他的理由。——汪国真

我的不幸，恰恰在于我缺乏拒绝的能力。我害怕一旦拒绝别人，便会在彼此心里留下永远无法愈合的裂痕。——太宰治

## 领悟拒绝的意义

下午放学，小花约同班同学小阳去逛公园。小阳心里很纠结——去吧，今天早上出门已经答应妈妈放学要早点回家，而且自己也不想去公园；不去呢，我们是一个班的，拒绝她多尴尬啊，而且我不去她会不会对我有意见啊？思考再三，小阳还是和小花去了公园，漫不经心地逛了两个小时，结果回去被妈妈批评了一通。后来她发现小花和她的关系也变质了，她从同学口中得知，自己那天和小花逛公园被小花误会为自己假惺惺和她相处。

你有过类似的经历吗？谈谈你不敢拒绝或拒绝不当的经历。

______________________________

______________________________

______________________________

人际交往中不敢拒绝别人的原因主要有哪些呢？

______________________________

______________________________

______________________________

一个不敢拒绝别人的人，内心往往比较自卑。心理学家弗洛姆认为，人们会通过委从的方式，使自己融入群体，增加存在感，比如邻里亲戚、班级、室友、朋友等。而自卑的人表现得更明显，他们在人际交往中敏感、脆弱，缺乏主见，害怕拒绝会伤害别人，也害怕自己被排斥。有研究显示，在被拒绝时，我们头脑中负责痛苦的区域会被激活。被拒绝是痛苦的，因为我们自己害怕被拒绝，

所以我们不愿意去拒绝别人。

大部分人不敢拒绝的原因，还因为心理边界不够清晰。心理边界的概念最早由美国心理学家埃内斯特·哈特曼提出，指的是人与人之间内心的自我界限，他说："如果自我是一座古堡，那么心理边界强度便是古堡外的一圈护城河。"心理边界清晰的人，清楚地知道自己和他人的责任和权利范围，既能保护自己的个人空间不受侵犯，也不侵犯他人的个人空间。我们可以把自我看成一个小球，心理边界就是小球的外壳。有些人的自我就像是桌球，边界明晰，不容易受损；有些人的自我像是气球，稍微一施压，边界就容易凹陷，他们会刻意迎合老师、家长的需求，或者非常在意老师、家长的看法和感受，忽略自己的看法和感受，在自己的边界被侵犯之后，没有及时捍卫，而是选择认同，选择妥协，这样的人也容易成为一个"讨好者"。遇到事情时，他们会觉得自己退一步也是没关系的，但这样做不仅是在压缩自我空间，自己的权益也容易被侵犯。

小张寝室有一两个同学总找他借生活用品，久而久之，全寝室的人都找他借，甚至把他的生活用品公用。他心里很不爽，但又觉得如果说出来大家会认为他小气，太没面子了，也就算了。有一天室友小刚未经他同意翻了他的柜子，把他心爱的手办摔坏了，甚至说："不就是一个玩具吗？"他非常气愤，心想，明明是他得寸进尺，竟然还责怪我。

你怎么看待人际交往中的"得寸进尺"现象？应如何避免呢？

________________________________________

________________________________________

________________________________________

一个人一旦接受了他人的一个微不足道的要求，为了避免认知上的不协调，或想给他人以前后一致的印象，就有可能接受更大的要求，心理学上把这种现象叫作"登门槛效应"，也叫"得寸进尺效应"。老好人是一种毒药，不仅让自己上瘾，还会让对方对你的索求不断上瘾，直至最后大家都变成仇人，才会结束这种带着强烈毒性的人际关系。所以，当断不断，必受其乱。

图 11 学会拒绝（绘制人：易琳格）

三毛说："不要害怕拒绝别人，因为当一个人开口提出要求的时候，他的心里已经预备好了两种答案，所以给他任何一个其中的答案，都是意料之中的。"拒绝是一种权利，当他人的请求或要求明显不合法、不合理，或是超出我们的能力范围，或是我们经过认真思考觉得无法接受时，我们可以行使拒绝权。学会拒绝，是对自己的尊重，也是对他人的尊重；敢于拒绝，有利于维护我们的感受，有利于守护我们的心理边界，更有利于培养健康成熟的人际关系。

## 培养拒绝的能力

### 1. 古人拒绝的智慧

（1）庄子

当年楚王看中庄子的才智，派使臣去请庄子入宫。庄子无意当官，巧妙地回答使臣："我听说过从前楚国有过一神龟，已死去三千多年了。大王对它十分敬仰，用精美的竹器盛着，上面还盖着极华贵的丝巾，高高地供在庙堂之上。"庄子接着说："有一点我搞不明白，你们替我说说看：在那只龟自己看来，究竟是死了后被人把骨头当作宝贝高高地供起好呢，还是像生前那样快活地生活在泥里摇头摆尾呢？"

使者听了立刻回答："当然是快活地在泥里摇头摆尾好啊！"

庄子听了顺势答道："那么请回，且容我继续在泥里摇头摆尾吧！"

（2）华歆

三国时期的华歆在孙权手下的时候名声十分大，曹操听说后便让皇帝下旨招华歆进京。华歆在起程的时候，亲朋好友们有千余人来相送，并赠送了他很多黄金和礼物。华歆其实不想接受这些黄金和礼物。可是，如果拒绝的话肯定会让亲朋好友们扫兴，伤害大家的感情。于是他暂时来者不拒，将礼物统统收了下来，并且在所收的礼物上偷偷记下了送礼人的名字，以备日后原物奉还。

华歆设宴款待众多朋友，在酒宴即将结束的时候，华歆站起来对朋友们说："我不想拒绝各位的好意，却没想到能收到这么多的礼物。然而匹夫无罪，怀璧其罪。我独自一人单车去京城，有这么多贵重礼物随身带着，诸位想想我是否很危险呢？"朋友们明白了华歆的意思，知道他不想接受礼物，又不好明说，使得大家都没面子，于是，大家便各自取回了自己送的礼物。

这两则故事给了我们什么启示？

________________________________________

________________________________________

________________________________________

### 2. 学会拒绝"三步曲"

拒绝是一种能力，如何才能做到委婉拒绝他人的同时又不伤害他人呢？

第一步：表达认可

对他人提出的请求或建议表示认可，语言委婉得当，态度坚定，让对方感受到被接纳和尊重。例如：哇，这个提议很棒，我也好想跟你一起去。

第二步：说明原因

真诚地告知对方拒绝的理由，注意说话时的语气、态度、表情等，让对方信任和接纳，同时不必觉得愧疚和尴尬。拒绝的理由不用太复杂，越简单越好，比如时间不允许，或者有其他更重要的事，表示自己心有余而力不足。

第三步：提出建议

虽然自己无法答应对方，但可以给对方提出可操作的建议，对方也会觉得你是在关心他，同时也可以缓解对方的焦虑感。例如："这周是不行了，下周的话我倒是可以来帮帮忙。""很遗憾，我无法参加，可以让 ×× 代替我吗？""要不……"

### 3. 心理训练营

假如你遇到下列情形是否会拒绝？如何拒绝？

（1）同桌总是让你把作业借给他抄。

______________________________

（2）朋友邀请你放学打篮球，但是你想先做作业。

______________________________

（3）临近考试，小文的朋友小敏找到她，希望小文能帮她在考试中作弊。

______________________________

（4）父母总是不敲门就进你房间。

______________________________

（5）朋友邀请你看你不喜欢的电影。

______________________________

（6）寝室同学三番五次找你借钱。

______________________________

对于力所能及的帮助，我们应全力以赴；对于需要拒绝的事，我们应果断拒绝。

## 拓展阅读

### 一顿午餐

郭丽佳

我收到姨妈的信息："亲爱的孩子，下周四我出国办事，会去看你。如果你能请我吃顿午餐，就太好了。"自从母亲得病后，姨妈一直资助我留学。虽然我每月只有5英镑的生活费，而且现在只剩20先令了，但是无论如何我也得请姨妈吃顿午餐。

我知道一个不错的餐馆，一顿午餐每人只需3先令，那样的话，我还有14先令维持到月末。

当我带着姨妈来到那家小餐馆门前时，她指着街对面的豪华饭店对我说：“我们为什么不去那儿呢？那儿也许更好一些。”

“噢——去那家吧！”我说。其实，此刻我心里在想：“姨妈啊，那儿的价格远超出了我的承受能力。”可是，我不能说。

侍者递上一份菜单，姨妈看后说：“我们可以要一盘这个。”这是一道法式鸡块，是菜单上最贵的一道菜——7先令。我为自己点了一道1先令的小菜，因为我希望能留下点儿钱维持生活。现在用了8先令，不——应当是9先令，因为我还得给侍者1先令的小费。

“还需要点儿什么吗？”侍者说，“我们有上好的鱼子酱。”

“鱼子酱！”姨妈忍不住说，“太好了，我能要一些鱼子酱吗？”

我只能点头。于是，又花了4先令，现在我只剩下7先令了，应该可以买到一些面包和干酪熬过这周。

但是，姨妈吃完了鸡块，又看见侍者手里拿着几块奶油蛋糕。“噢！”她说，“这些蛋糕看上去可爱极了，我要一小块！”于是，我仅剩下3先令了。然而，侍者又送上一份水果菜单，姨妈又要了一些。

最后，侍者递上清单：20先令。我把仅有的20先令放在盘子里，没有小费给侍者。

姨妈看看盘子里的钱，又看看我，问：“这是你所有的钱了吧？”

“是的。”

“你将所有的生活费都花在了这顿午餐上，是吗？你太善良了！但这实在很愚蠢。”

“可这是请您吃饭啊！”

“不，孩子，你已经长大了，今后你还会有很多时候不得不对别人说‘不’。我早看出你没有足够的钱来应付这顿午餐，但是我还是想给你上这一课——所以我点了这么多的食物。”她付了小费，然后给了我5英镑。

“孩子，你一定要学会说‘不’！”她说。

（引自：《快乐语文》2020年第31期，有删改）

# 八、学会赞美

你对别人好的时候，也就是对自己最好的时候。——戴尔·卡耐基

生活中不是缺少美，而是缺少发现美的眼睛。——罗丹

要播撒阳光到别人心中，总得自己心中有阳光。——罗曼·罗兰

对别人好不是一种责任，它是一种享受，因为它能增进你的健康与快乐。——左罗斯特

## 人人需要赞美

从前有个秀才，特别喜欢对人说赞美恭维的话。阎王认为他是个“马屁精”，要割去他的舌头，将他打入十八层地狱。秀才死后，被押到阎王面前。阎王大声斥责他：“我最痛恨你这种专事恭维拍马的人，所以要割去你的舌头，将你打入地狱！”秀才连忙叩头说：“大王息怒，小的实在出于无奈，世人都爱听奉承话，小的不得不如此。如果世人都像大王您这样公正廉明、明察秋毫，谁还敢说半句恭维话呢？”阎王听罢得意地说：“对我说恭维话，谅你也不敢！既然这样，那就免去你割舌之刑，留在殿中听候调用吧。”

为什么最痛恨恭维拍马屁的阎王决定免去秀才的割舌之刑？因为哪怕是阎王也需要得到肯定，何况现实生活中的人呢？下面这个故事同样揭示了人的心理秘密——

从前，有个京官要去外地任职，临行前和老师道别。老师细心叮嘱他：“外面的官不容易做啊，应当谨慎些。”京官恭敬而自信地回答道：“我准备了一百顶高帽，逢人就送他一顶，不至于有关系不融洽的人。”老师听后很生气：“我们以正直的原则侍奉上级，给别人做事，何须这样？”京官答：“天下像老师您这般不喜欢戴高帽的人，能有几人呢？”老师满意地点头回应：“你的话也不是没有道理。”

京官离开老师后对别人说：“我原本准备了一百顶高帽子，现在只剩下九十九顶了。”

还有一顶哪儿去了呢？显然，那顶已经在京官的老师没有意识到的时候送给老师了。

莎士比亚说：“赞美是照在人心灵上的阳光，没有阳光，我们就不能生长。”文学家的话说得很形象，而美国心理学之父威廉·詹姆斯则非常直白地揭示：“人类本质里最殷切的需求是渴望被人肯定。”弗洛伊德也指出：“人可以防御他

人的攻击，但对他人的赞美却无能为力。”美国总统林肯承认：“人人都需要赞美，你我都不例外。”正是因为充分地理解了人人需要赞美的本性，原一平成长为日本著名的推销大师，他说：“推销的秘诀在于研究人性，研究人性的关键在于了解人的需求，我发现对赞美的渴望是每个人最持久、最深层的需要。”马克·吐温甚至向人坦白：“一句赞美的话，能当我十日的口粮。”丘吉尔也透露了他与人交往的秘诀：“你要别人具有怎样的优点，你就要怎样地去赞美他。”

## 赞美有技巧，真诚最重要

### 1. 赞美要符合对方实际

虽然人人都喜欢听赞美的话，但并非任何赞美都能使对方高兴。能引起对方好感的只能是那些基于事实、发自内心的赞美；相反，那些不切实际、夸张且虚情假意的赞美，不仅会令对方反感，更会让人觉得你油嘴滑舌、狡诈虚伪、毫无诚意。

比如，当见到一个其貌不扬的人，你却赞美她说“你真是美极了！”，对方立刻就会认为你所说的是违心之言，甚至感觉到被讽刺。但若你着眼于对方的气质、服饰、谈吐、举止等，发现其出众之处并真诚赞美，对方一定会欣然接受。

### 2. 赞美要有新意

爱因斯坦曾这样说过，赞美他思维能力强、有创新精神，他一点都不激动，作为科学家，这类话他听腻了，但如果谁赞美他小提琴拉得棒，他一定会兴高采烈。可见，赞美最好要有新意，不要老停留在人们所共知的优点上，而要去挖掘对方身上一些鲜为人知的优点，表现出你的独特眼光，让他得到一些新的肯定。

比如，对漂亮女孩不要只夸她美丽，还要说她有气质、有内涵；对于成功人士，不要只夸他事业有成，也可以赞美他气度不凡、有品位；对于老年人，不要只提儿女孝顺，还可以说他身体硬朗、精神抖擞、思想开明。

做一个善于观察、积极思考、力争创新的人，新颖独特、与众不同的赞美能让对方感受到你对他的重视而非敷衍的态度。

### 3. 善用表达方式

心理学研究发现，100% 的表达效果，仅有 7% 取决于口头语言，有 38% 取决于语调及表情，还有 55% 取决于肢体语言。用公式来表达就是：

100%（表达效果）= 7%（口头语言）+ 38%（语调及表情）+ 55%（肢体语言）

可见，口头语言的感染力并不强。那么，在表达对他人的赞美时，可以根据当时的情况，将口头语言、表情、语调及肢体语言结合起来使用，让对方感受到你真诚的赞美和由衷的善意。

### 4. 赞美要真诚

在接受赞美时，人们最不能容忍的是什么呢？虚假！

宋代理学家程颐说：“以诚感人者，人亦以诚而言。以术驭人者，人亦以术而待。”我们都喜欢真诚的人，赞美别人时，态度一定要真诚。如果对方没有感受到你的真诚，他可能会觉得你在讽刺、挖苦他，或者认为你在吹捧、奉承、拍马屁、恭维。

如果失去了真诚，赞美就变味了，它往往带给别人如此糟糕的感受——

“他哪里是在赞美我，我觉得他在讽刺、挖苦我！”

“这个人是个马屁精，别信他的话。”

可见，赞美和讽刺、挖苦、吹捧、奉承、拍马屁、恭维等的区别在于是否真诚。

## 播撒阳光

赞美是照在人心灵上的一束灿烂的阳光，它能带来情感的温馨、生活的自信。我们每个人都渴望被肯定，都渴望这样的阳光。那么，像我们自己渴望被肯定一样，去真诚地、由衷地肯定、赞美别人吧！

赠人玫瑰，手有余香。给别人播撒阳光，这阳光也会照亮自己。

请拿出一张 A4 纸，对折再对折，将纸裁成四份，每天赞美四个身边的人，将赞美的话认真工整地写在纸上，写好之后亲手交给对方。让这些小纸片化作善意、友好和爱的翅膀，飞到对方的心上。

×××（对方的姓名或昵称）：

________________________________________

________________________________________

________________________________________

×××（你的名字）
年　　月

一位这样尝试的同学发现，赞美别人之后，心情特别好。感动之余，她写道：“沮丧了，别惆怅，想想被赞美的过去；失败了，别难过，总有被赞美的未来；成功了，别忘记，还得去赞美别人。”

图 12 学会赞美（绘制人：李泳霏）

人字的结构是相互支撑的，人生需要相互鼓励。让我们从现在开始，多看别人的优点，在相互肯定和鼓励中，感受生活的美好和幸福！

## 拓展阅读

### 真诚地赞赏他人

戴尔·卡耐基

查理·夏布是全美少数年收入超过百万美元的商人。1921 年，安德鲁·卡耐基慧眼独具，提名夏布为新成立的“美国钢铁公司”第一任总裁时，夏布才 38 岁。

为什么安德鲁·卡耐基每年要花 100 万美元聘请夏布先生呢？这几乎等于每天支付 3000 多美元。难道夏布先生确实是个了不起的天才？还是夏布先生对钢铁生产比别人懂得多？都不是。夏布先生亲自告诉我，在他手下工作的许多人对钢铁制造其实都懂得比他多。

夏布说他之所以获得高薪，主要是因为他善于处理人事，管理人事。我问他如何做到这一点，他跟我讲了下面这段话——这段话应该铭刻到铜版上，悬挂在每个家庭、学校、商店和办公室里。只要我们还活着，这段话就会改变你我的生活面貌。

“我想，我天生具有引发人们热情的能力。促使人将自身能力发展到极限的最好办法，就是赞赏和鼓励。来自长辈或上司的批评，最容易使一个人丧失志气。我从不批评他人，我相信奖励是使人工作的原动力。所以，我喜欢赞美而讨厌吹毛求疵。如果说我喜欢什么，那就是真诚、慷慨地赞美他人。”

这就是夏布成功的秘诀。但是，一般人是怎么做的呢？正好相反，假如他们不喜欢一件事必定对下属大吼大叫；如果喜欢，就默不吭声。就像俗语所说的："好事无人知，坏事传千里。"

"我广泛接触过世界各地不同层面的人。"夏布说道，"我发现，无论多么伟大或尊贵的人，他们和平常人一样，在受到认可的情况下，比在遭受指责的情形之下，更能奋发工作，效果也更好。"

这也是安德鲁·卡耐基先生成功的主要原因。夏布指出，卡耐基常常公开称赞他人，私底下也是如此。卡耐基甚至在墓碑上也不会忘记恭维别人，他为自己所写的墓志铭是这样的："这里躺着一个人，他懂得如何迎合比他聪明的人。"

…………

我的剪报中有个小故事，虽然并不是真的，却跟真的一样，所以我还是予以公开。

有个农妇在劳累了一天之后，为干活的几个男人准备了一大堆干草当晚餐。愤怒的男人质问她是否发疯了，农妇答道："嘿，我怎么知道你们会在意呢？20年来，我一直煮饭给你们吃，你们从不吭声，也从没告诉我你们并不吃干草啊！"

…………

在你每天的生活之旅中，别忘了为人间留下一点儿赞美的温馨，这一点儿小火花会燃起友谊的火焰。当你下次再度来访时，会惊奇地发现它会留下多么明显的痕迹。

人的生命只有一次，所以，任何能贡献出来的好与善，我们都应现在就去做。不要迟缓，不要怠慢，因为你就活这么一次。

爱默生说过："我遇见的每一个人，或多或少是我的老师，因为我从他们身上学到了东西。"

如果这话对爱默生来讲都正确可行，那么对我们每个人则更是如此。让我们不要老是想着自己的成就、需要，而应尽量去发现别人的优点，然后，不是逢迎，而是出自真诚地去赞赏他们。要"真诚、慷慨地赞美"，而人们也会把你的言语珍藏在记忆里，终生不忘。

因此，如果你想学会待人处世，那就记住第二大原则：

真诚地赞赏他人。

（引自：戴尔·卡耐基《人性的弱点全集》，袁玲，译。中国发展出版社，2008。有删改）

# 九、学会求助——拓宽你的人生之路

一个篱笆三个桩，一个好汉三个帮。——谚语

三人行，必有我师。——《论语·述而》

礼尚往来。往而不来，非礼也；来而不往，亦非礼也。——《礼记·曲礼上》

很多人怕麻烦别人。但是，不麻烦彼此，关系也就无从建立。——武志红

人是社会性的动物。人无法完全脱离社会而单独生存，你不想麻烦别人，就需要独自承担很多东西，包括挫败。——亚里士多德

## 懂得求助，是一种能力

（一）

著名思想家、文学家、哲学家胡适十几岁的时候被送往上海读书，母亲送他到车站的时候不放心地说："你要去到更大的世界了，我再也帮不了你，自己去闯荡吧，但是我要送你四个字——学会求助。"多年以后，回想起这四个字，胡适才开始明白母亲的睿智。

（二）

父亲带着他七岁的儿子整理后花园，他们遇到了一块埋在土中的大石头。父亲觉得这是一个教育孩子的好机会，于是他要孩子自己将大石头移开。

孩子推了半天，推不动，就聪明地找来一根木头，把一块小石头垫在木头底下，使劲儿地往上撬，但大石头仍纹丝不动。父亲明知孩子力气小搬不动大石头，但仍冷冷地说："你要尽全力想办法。"这一次，孩子用尽了全身的力气，小脸都憋得通红，石头依然纹丝不动。孩子大口喘着气，颓然坐下。

父亲和蔼地走到他身边，问道："你确定你真的用全力想尽办法了吗？"孩子说"是的"。

这时父亲温柔地拉起孩子的小手说："不，儿子，你还没有想尽办法。我就在你旁边，可你没有向我求助。"

以上两则故事告诉我们：懂得求助，是一种能力，也是一种智慧。

但真实的情况是，很多人宁愿独自承担，也不愿向人求助。

根据四川省泸县第二中学《高 2020 级新生心理发展状态调查报告》，当

遇到自己无法解决的困难时，17.2% 的学生不愿意向人求助，9.8% 的学生认为没有人能帮到他。

为什么总会有一部分人不愿意向他人求助呢？

俗语说，“上山打虎易，开口求人难”。求助他人确实在很多人心里成为一道迈不过去的坎儿。不愿求助他人的原因也是各种各样的，有的人害怕被拒绝，有的人觉得丢脸，有的人性格内向，等等。根据神经科学和心理学的研究，求助他人会使人感受到多种社会威胁，包括不确定性、被拒绝的可能、自降地位的风险及出让的自主权，这些都会刺激大脑中感受生理疼痛的区域。难怪求助他人有时会如此困难！

“没有人是一座孤岛。”每个人生活在社会上，都必然要与别人发生各种联系，没有谁能独自走完一生，每个人在人生的某个时刻都可能需要别人的帮助，特别是当我们遇到无法解决的困难时。

要知道，大多数人都是愿意伸出援助之手的。

能够给予别人帮助是个体能力和价值的一种体现。正所谓，赠人玫瑰，手有余香，在帮助别人的同时自己也获得了充实、快乐与幸福。很多人都低估了别人帮助自己的可能性。康奈尔大学教授瓦内萨·博汗斯研究发现，当人们向陌生人求助时，对方提供帮助的比例，比求助者预计的平均高 48%。

因此，你可以问问自己，当别人向你求助一些你力所能及的事情时，你是否乐意答应？如果你的答案是肯定的，那么当你遇到困难，而且也在别人力所能及的范围之内，你也可以勇敢地开口。

请写下你曾经遇到无法解决的困难时向他人成功求助的经历。

图 13 学会求助（绘制人：胡秋霞）

## 学会求助，拓宽人生之路

### 1. 求助能化解危机

新冠肺炎疫情期间，塞尔维亚总统亚历山大·武契奇发表电视演讲时，含泪求助中国。第二天，中国外交部就立即给予回应。外交部发言人耿爽表示："我们不会忘记塞尔维亚政府和人民对中方的支持。如今，塞尔维亚面临疫情威胁，我们将坚定地同塞尔维亚人民站在一起并肩作战，愿意向塞方提供口罩、防护服等物资，派医疗专家组赴塞，分享防控诊疗经验。"

塞尔维亚民众不会因为总统向中国求助而认为他懦弱、无能，相反，大多数人都能理解并支持。因为，在危难时刻善于求助才能让国家、个人走出危机。

### 2. 求助能拓宽人脉

美国科技记者罗伯特·科林利 1995 年曾对苹果公司的前首席执行官史蒂夫·乔布斯进行采访，采访中乔布斯回忆了他 12 岁时的求助经历：

我 12 岁时致电惠普的创始人比尔·休利特。当时电话簿上没有隐藏号码，所以我打开电话簿可以直接查他的名字。他接电话时我说："嗨，我叫史帝夫·乔布斯，你不认识我，我今年 12 岁，我在制作频率计数器，需要一些零件。"他就这样跟我谈了 20 分钟。我永远都记得他不但给了我零件，还邀请我夏天去惠普打工。

正是因为懂得求助，才让乔布斯在 12 岁时就能结识惠普的总裁，就能有去惠普公司工作的机会。这些经历对乔布斯后来创办苹果公司都有很大的积极作用。因此，乔布斯曾说："多数人从来都不愿意拿起电话，从来不求助别人，有时这就区分了行动者和做梦人。"

求助能拓宽人脉，甚至有可能通过求助别人而遇到生命中的贵人。

## 善于求助，是一种智慧

遇到无法解决的困难时，向他人求助，有些人成功地获得了帮助，有些人却失败了。这说明求助他人也是有技巧和注意事项的，或者说求助他人也需要智慧。

### 1.明确自己希望得到的帮助是什么

在求助他人之前，应首先明确自己希望得到什么帮助，并且用清晰、简洁的语言传达给对方。因此，求助他人有必要整理一下思路，问问自己究竟遇到了什么困难，最好能够指明对方做出怎样的行为就可以帮助到自己。

### 2. 在对方力所能及的范围之内

求助别人需要把握一定的限度，而这个限度就是你请求的帮助必须在对方力所能及的范围之内。如果超出这个限度，势必会给别人带来很大的麻烦，也容易被拒绝。当然，每个人的能力是不一样的，选择合适的求助对象也特别重要。要根据你求助的问题选择最有可能帮到你的人作为求助对象。

### 3. 己所不欲，勿施于人

如果你不太清楚自己的困难向别人求助是否合适、恰当，可以先问问自己，如果别人就这个问题向你求助，你是否会积极回应。如果你的答案是肯定的，那么便可勇敢地开口向他人求助。也就是说，求助他人时我们需要遵循“己所不欲，勿施于人”的原则。

### 4. 态度诚恳，语言、语气、语调恰当

求助别人时，要态度诚恳，真诚地请求帮助，但又不是强人所难。同时，求助别人时要保持恰当的语言、语气、语调，多用尊称、敬辞，语气语调平缓中带着些急切，委婉中带着些恳求。总之，求助他人时不能给人留下一种你觉得是理所当然的态度，要让对方感觉到他有选择的权利，正所谓“帮你是情分，不帮你是本分”。

### 5. 肯定对方，真诚道谢

每个人都希望被肯定，包括你的求助对象。当你向对方求助时，不妨先肯定对方的能力、才华，待拉近你们的距离后再提出你的请求。要知道，当一个人被认为是很有能力、热心肠的，他更有可能做出利他行为去帮助他人。

别人给予了我们帮助，我们也应该及时真诚地道谢。道谢可以是发自内心的感谢语言，可以是共进餐食的邀请，也可以精心准备一些小礼物。道谢其实也是进一步增进沟通与了解的过程。通过这一来二往的接触，大家甚至可能成为相互扶持的终生朋友。

## 拓展阅读

### 遇到难题懂得求助的孩子，将来更成功

黄敦晴

做个小实验，问问孩子：“当你在生活中遇到难题时，会怎么做？”

选择有：

1. 想办法自己处理；

2. 找父母；

3. 找最好的朋友。

如果孩子开始交男女朋友了，可以增加第4个选项：找正在交往的对象帮忙。

虽然情境题不一定有标准答案，但是研究发现，会找人帮忙的孩子，在成年后会更独立，而且在不同年龄找谁帮忙，结果也大不相同。

心理学家史威德跟同事找了184个青少年，追踪12年，分别在他们13岁、18岁、21岁时问他们这个问题，看看他们在25岁左右的成熟、各方面能够独立的状况。

结果发现，愿意求助的青少年，其实比较有能力在未来独立生活，或做独立、成熟的判断，并且懂得运用资源，解决遇到的问题，比较能够做负责任的决定。

换句话说，懂得求救、依赖人帮忙的孩子，长大后反而比较成熟独立。而且实例验证，他们在财务上比较能够自我负责与获得成功，就业比较顺利，完成高等教育的比例也比较高。

至于他们最愿意求助的对象，13岁时是父母，18岁时是最好的朋友，21岁时是正在交往的对象。

史威德进一步用心理学分析原因，其中也藏着教孩子独立、懂得求救与依赖、问对人的密码。

孩子遇到问题，最重要的是愿意求助。

史威德引用“依附理论”指出，能够与信任的人建立健康的依赖关系，会帮助人在更大的世界中有勇气与信心探索独立生活。

而这种意愿，必须从孩子年纪小的时候就开始培养。

例如，从小就要常常告诉孩子，遇到问题、困难时，要愿意说出来，不要以为求助是弱者的表现，因为每个人都有需要帮忙的时候。

师长在遇到孩子求救时，也要表达愿意协助，会支持他们的立场，一起探索原因跟解决办法，而不是指责孩子做错什么事。

（引自：搜狐网《研究证实：遇到难题懂得做这件事的孩子，长大后就业较顺利》，https://www.sohu.com/a/335412952_120044430，有删改）

# 自我意识篇

“人贵有自知之明”，“认识你自己”被誉为具有最高智慧的阿波罗神谕。为认清自己，人类一直在努力。曾子曰：“吾日三省吾身，为人谋而不忠乎？与朋友交而不信乎？传不习乎？”近代著名教育家、思想家陶行知甚至坚持“每日四问”：我的身体有没有进步？我的学问有没有进步？我的工作有没有进步？我的道德有没有进步？……我是谁？这是一个古老而又永远年轻的无法完全解开的谜。在认识自己的路上，你会有怎样的发现？

# 十、认识你自己

人啊，认识你自己。 ——古希腊特尔斐神庙

知人者智，自知者明。 ——老子

自己这个东西是看不见的，撞上一些别的什么，反弹回来，才会了解“自己”。所以，跟很强的东西、可怕的东西、水准很高的东西相碰撞，然后才知道“自己”是什么，这才是自我。 ——山本耀司

以铜为镜，可以正衣冠；以史为镜，可以知兴替；以人为镜，可以明得失。 ——唐太宗

## 认识你自己

在古希腊特尔斐神庙进门处有五个大字——认识你自己，这五个字被誉为“具有最高智慧的阿波罗神谕”。其实，关于这五个字，有一个美丽的传说——

古希腊忒拜城堡高度繁荣，人们开始迷失自己。主神宙斯决定派斯芬克斯去警示那里的人们。斯芬克斯带着一个谜语来到忒拜城堡，碰到他的人都必须给出谜底，否则就会被斯芬克斯吃掉。这个谜语是：什么动物早晨用四条腿走路，中午用两条腿走路，晚上用三条腿走路？

遗憾的是，遇到斯芬克斯的人，均不能给出正确答案，他们都被吃掉了。每天都不断有人被吃掉，忒拜城堡陷入混乱。国王拉伊俄斯和群臣商量对策，最后他们发出告示：谁要是能正确回答斯芬克斯的问题，就让他做新的国王，并让他和王后结婚。

直到有一天，一个路过忒拜城堡的异乡青年俄狄浦斯给出了正确答案。他对斯芬克斯说：“是人！”完成了使命的斯芬克斯很高兴，揭开了自己神秘的面纱，吻了跪在面前的俄狄浦斯。按约定，俄狄浦斯做了新的国王，并和王后结了婚。

在神话故事里，不能认识自己是要付出生命代价的；在现实生活中，认识自己也很重要。可以说，认识自己是避免自我迷失，走向自我完善、自我实现的前提和基础。

## 认识自己的方法

### 1. 向内——自我省思

苏格拉底说："未经反思的生活是不值得过的。"古今中外的智者，都特别善于通过自省、反思认识自己。

学者，觉也。我们可以通过以下自我反思练习，认识自己。

活动：请写 20 条"我是一个＿＿＿＿＿＿的人"。

| | |
|---|---|
| 1. | 11. |
| 2. | 12. |
| 3. | 13. |
| 4. | 14. |
| 5. | 15. |
| 6. | 16. |
| 7. | 17. |
| 8. | 18. |
| 9. | 19. |
| 10. | 20. |

提示：

可以从生理自我、心理自我、社会自我三个方面思考。"生理自我"指对自己身体和生理的认知和评价，比如身高、体重、外貌、年龄、性别等；"心理自我"指对自己心理和行为特征的认知和评价，比如智力、性格、气质、兴趣、能力、记忆、思维、意志力、价值观等；"社会自我"指对自己在社会关系中身份、地位、角色、义务、责任、力量的认识。

### 2. 向外——以人为镜

最灵敏的人，也看不见自己的背脊。因此，以人为镜，是认识自我的好办法。我们可以通过观察他人对我们的态度和行为、询问他人对我们的看法等来认识自己。

请你选取本班男女生各两名，诚恳并且谦虚地向他们询问，在他们眼中你是一个怎样的人，并且记录在表 6 中。

记录的内容包括个性、兴趣、人际关系、习惯、优势及不足等，越详细越好！

表 6 "以人为镜"采访表

| 采访对象 | 同学 A（男生） | 同学 B（男生） | 同学 C（女生） | 同学 D（女生） |
|---|---|---|---|---|
| 对我的印象 | | | | |

当然，除了同学，你还可以向老师、家长、朋友等询问，在他们眼中你是一个怎样的人，以借助多面“镜子”，全面而客观地认识自己。

## 开启我的乔哈里窗

美国心理学家乔瑟夫·勒夫和哈里·英格拉姆于1955年提出了“自我意识的发现——反馈模型”，又被称为乔哈里资讯窗、约哈里窗。这一模型把人的内心世界比作一个窗户，表示了一个人对自身信息和对他人信息的开放程度，共划分为以下四个区域：

公开区——自己知道，别人也知道。如自身的性别、种族以及所从事的职业等。

隐藏区——自己知道，别人不知道。如自己未曾与大家分享过的童年经历，以及自己的好恶、秘密等。

盲目区——自己不知道，别人知道。如自身的处事方式，别人对自己的感受等。

未知区——自己不知道，别人也不知道。如自身尚未发觉同时也未被别人发觉的各类技能等。

| | |
|---|---|
| 公开区（我知你知） | 盲目区（你知我不知） |
| 隐藏区（我知你不知） | 未知区（你不知我不知） |

图14 乔哈里窗的四个区域

要想全面认识自我，不能只停留在“开放我”的层面，还应了解“盲目我”，适度公开“隐私我”的秘密，并努力开发“未知我”。前面的“以人为镜”采访活动，对认识自己的“盲目区”有很大帮助，下面我们尝试采用反观自身“乔哈里窗”各区比例大小的方式，认识那个不易被发现的自己。

用圆形（推荐）或长方形绘制自己的乔哈里窗，为每个区域标注所占比例。可按自己的理解，把不同的区域涂成不同的颜色。

绘制好后，与同学分享：

1. 乔哈里窗各区域的比例是多少？
2. 各区域为什么这样涂色？
3. 四个分区比例大小对自己的性格和人际沟通有什么影响？

## 如何对待他人的评价

全面客观地认识自己，既要向内“自我省思”，也要向外“以人为镜”。社会心理学家库利认为，每个人对自己的意识是在与他人交往的过程中根据他人对自己的看法和评价而发展起来的。那么，我们应该如何对待他人对自己的评价呢？

让我们一起来看看著名的“伤痕实验”。

实验人员招募了一批志愿者，并告之实验旨在“观察人们对身体有缺陷的陌生人作何反应，尤其是面部有伤痕的人”。他们请来了好莱坞专业化妆师在志愿者左脸画出一道血肉模糊、触目惊心的伤痕。在志愿者出门前，他们撤走了镜子，化妆师说：“为防止刚才化的妆被不小心擦掉，我们需要在伤痕表面再涂一层粉末。”事实上，化妆师用纸巾偷偷擦掉了化妆的痕迹。对此毫不知情的志愿者被派往各医院的候诊室，他们的任务就是观察人们对其面部伤痕的反应。规定的时间到了，返回的志愿者无一例外地叙述了相同的感受——人们比以往粗鲁无理、不友好，而且总是盯着他们的脸看。

“伤痕实验”给了你什么启示？

一个人内心怎样看待自己，在外界就能感受到怎样的眼光。

别人对我们的评价很多时候取决于我们对自己的评价，与其过分关注别人对我们的评价，不如把关注的重点放到修炼自己的内心上。

## 拓展阅读

### “认识你自己”！

孙素成

“认识你自己”，这是镌刻在古希腊特尔斐神庙上的神谕。

自然，这里的“认识”是指哲学和社会学意义上对自己的了解。老子在《道德经》中说，“知人者智，自知者明”。可见我们的先哲对知人和自知的界限和区别是非常清楚的。鉴于自知之难和人们常常苦于不自知，于是便有“人贵有自知之明”之说。这句貌似平淡的格言，却蕴藏着无限深奥的哲理。唯其言浅而义深，因而常被人误解甚至曲解。曾几何时，“自知之明”竟被人们简单地理解为“我不行”和用以表示自谦的口头禅。

诚然,认识到自己的不足固然不易,但重要的是要知道自己的优势和长处之所在。俗话说,尺有所短,寸有所长。在人生的奋斗历程中,人人都推崇刻苦,而这种刻苦也几乎人人都能做到。但刻苦的人却未必都能有所建树,唯有在“认识”了自己并选定了正确努力的方向后的刻苦才是值得为之贡献毕生精力的。所以,从某种意义上来说,人们缺乏的不是为自己所热爱的事业而献身的热情和精神,而是苦于无法“认识”自己究竟该献身于何种事业。其实,认识和了解自己的最终目的便在于以同样的热情和毅力从事某项工作,做甲事可能是劳碌终生,到头来却一事无成;而做乙事却可能左右逢源,占尽天时地利,使自己的潜能得到最大限度的发挥。

图 15 认识你自己(绘制人:刘子玮)

在历史的长河中,多少天赋极高者穷毕生之努力,却未能留下任何痕迹,最终为流逝的岁月所覆盖和淹没。其原因固然是多方面的,但未能“认识自己”不能不说是被“淹没”的重要原因。

人似乎有这样一种倾向,即为了表明自己在各方面都不逊色于他人,于是便可能产生种种愚蠢行为。比如,要是鲁班认为自己不仅木工做得好,而且在论辩口才上也不输于当时的名流,于是便扔下手中的斧凿,去与墨子谈逻辑、斗词锋,其结果便不难想象;如果张良未认识到自己是堪任王者之师和运筹帷幄、决胜千里之外之才,而一味自恃村夫之勇,那么他也许早就与草木同朽了;如果司汤达没有写出他的传世之作《红与黑》,而自以为他的外交手腕更胜于艺术语言的驾驭能力,那么今天人们便不会知道司汤达为何许人了;如果鲁迅先生没有“弃医从文”,没有自己的“投枪”和“匕首”作为战斗武器,而是以治病救人为己任,他也许有可能成为一名医术高明的医生,但绝对不会成为今日的鲁迅。同样,如果陈景润以顽强的毅力克服自己一进教室就感到紧张,或一说话喉咙就发疼的怯场症结,最终成了一位名实相符的教师,那么“陈氏定理”也许便不复存在……他们都成功了,都成了他们自己希望成为的那种人。这些“认识自己”的人是何等幸运啊!

然而，历史上更多的是始终不能正确“认识自己”的人，于是就有了马谡放着“参谋”不做，而偏要挂印出征，以致壮志未酬，身首异处，遗恨千古。

所以，从某种意义上说，“认识自己”便是尊重和发扬自己的天赋和潜能，反之，则是摧残和扼杀自己的天赋和潜能。在历史的长河中，为使瞬息即逝的短暂人生活得更有意义、更有价值，“认识你自己”吧！

（引自：《人才开发》1995 年第 9 期，有删改）

# 十一、爱自己

自爱者方能为人所爱。——蒙田

爱己者，仁之端也，可推以爱人也。——王安石

爱自己是终生浪漫的开始。——奥斯卡·王尔德

懂得自爱，才能得到他人的友谊。——托·富勒

如果你真的没办法，不去爱一个不爱你的人，那是因为你还不懂得爱自己。——张小娴

## 爱自己，让生命之花绽放

2000年，“5·25全国大学生心理健康节”在北京师范大学拉开帷幕，健康节取“5·25”的谐音“我爱我”，意为关爱自我的心理成长和健康。2004年，教育部、团中央、全国学联办公室发出倡议，把每年的5月25日确定为全国大学生心理健康日。发起人的解释是：爱自己才能更好地爱他人。

心理学家弗洛姆指出，自爱是爱的一种形式。它是指人运用自我的潜能，肯定自己的幸福、发展与自由，并通过现实合理的行动实现自身的幸福、发展与自由。自爱的核心是成为自己，因为自爱不是一种消极的情绪，而是对自己潜能的肯定，使自己获得自由与发展。他指出，自爱区别于自私、自恋，自私与自恋都是不爱自己，是对自身否定的体现；而自爱是道德的，是爱他人的前提。

德国心理学家尼娜·拉里什－海德尔认为：“爱自己是成为自己、活出生命更大可能性的基础。如果你要过一种清醒的生活或想变得幸福，你必须爱自己。这是作为人，最重要的事情之一。”个体心理学家阿德勒从小身体不好，但他把自卑化为能量，靠自己勤学苦练，成为名垂青史的心理学大师。因此，一个人最大的自爱就是让自己成为一个更加优秀的人，绽放生命的精彩，而不是自怨自艾。

## 爱自己，遇见更好的自己

爱自己是终生浪漫的开始。如何做到爱自己？

### 1. 学习观看自己

心理学大师荣格说：“看清自己和外界的关系，先看见自己和自己的关系。

追求外在的丰富，先丰富我们的内心。” 如果你连自己本真的需求是什么都不知道，你的任何行为及其行为带来的结果，都难以导向对自身的关爱。因此，你需要向内探索自己，去认识那个真实的你。用你外在和内在的眼睛，用你所有的感官来感受当时的你，你的身体、你的思想、你的感受，问自己：我怎么了？我需要什么？我的身体在给我什么信息？什么让我心情沉重？什么使我快乐？一个人向自己展示多少，就能了解自己多少。

简单来说，当你想要对一个人好的时候，肯定先要了解对方的性格、习惯、喜好等。这样在相处的过程中，不仅能避免伤害，还能及时觉察对方的情绪波动，用对方喜欢的方式去安抚他，这样你们的关系才会越来越好。爱自己也一样，你要明白自己是什么性格，什么时候会有小情绪，有小情绪时会有哪些表现，你需要怎样的安抚等，当你开始这样一点点去探索的时候，就能慢慢了解自己，与自己建立良好的连接，身心更加和谐。你只有认真观察自己，才能知道怎样爱自己。观察自己不仅会改变你，也会治愈你，因为暴露出来的一切都会痊愈。

### 2. 学着接纳自己

要想爱自己，必须无条件接纳你的一切，不管是优点还是缺点，因为爱是不可分割的、无法划分的，你只能爱整体的你。

试着想象一下：

假如我们可以把自己复制一个出来，放在你旁边，你愿意和这个人（也就是一模一样的你）做朋友吗？这个人有着和你完全一样的外形和个性，可能觉得自己长得不好看、脾气很暴躁、常常做蠢事……你愿意看到这个自己，接受他就是这样的人，甚至进一步去爱他、拥抱他吗？

每个人都有所谓的缺点，或自己不喜欢的部分。我们会很自然地回避这些部分，因为那让我们感觉不愉快。可是别忘了，不完美本来就是我们的一部分，或是生而为人都会有的一部分，也正是这些部分让我们每个人都各有特色，也正因为它们的存在，我们才是完整的。

因此，现在请转身看看你旁边一模一样的你，告诉他：

虽然你______________（对自己看不顺眼的部分），但我依然爱你、接受你；

虽然你______________，但我依然爱你、接受你；

虽然你______________，但我依然爱你、接受你。

图 16 爱自己（绘制人：何芷乐）

当你允许自己有不完美的时候，你就不会排斥自己，不再跟自己较劲，而是与自己的不完美握手言和，接受那个真实的自己。并且在心底里知道：不管在何种情况下，你永远是值得爱的。在这样的心态中，你会发现自己好像变得更可爱了，你有了更多的能力去爱上一个完整的自己，不再苛责、厌恶和否定自己。就像莱昂纳德·科恩说的："万物皆有裂痕，那是光照进来的地方。"

### 3. 学会关怀自己

（1）照顾自己的身体和心灵

如果我们不能很好地爱自己的话，几乎不可能去很好地爱他人。请你写下平常能为自己的身体、心灵去做的事情（表7）。

表7　自我照顾所能做的事

| 身体 | 心灵 |
|---|---|
| | |

（2）写给自己的情书

我们或许给予过好朋友安慰、鼓励和祝福，但是却常常忘了自己。所以，请花一些时间给自己写一封信，可以有对自己的感谢、祝福；或以"第三者"的视角，给自己写一封"情书"，夸夸自己的可爱，告诉自己值得世间所有的美好和幸福。

| |
|---|
| 亲爱的自己：<br><br><br><br>署名：<br>时间： |

### 4. 从现在开始爱自己

只有爱自己的人，才有可能爱别人。你要学会好好爱自己。电影《送你一朵小红花》里，马小远送给韦一航一朵小红花，奖励他人生中第一回积极主动。

从今天开始，你每做一件爱自己的事，也奖励自己一朵小红花，让小红花做你的见证人，见证你是怎样好好爱自己的。

如果爱自己的满分是 10 分，我目前可以得_________分。

我可以得到这几分，是因为我做了这些爱自己的事情：

______________________________

______________________________

______________________________

假设两年后我已经完全做到爱自己了，那这一天我的感受是：

______________________________

______________________________

______________________________

那时的我和生活可能发生的变化是（越具体越好）：

______________________________

______________________________

______________________________

如果想要爱自己再增加 1 分，我可以做的最小改变是：

______________________________

______________________________

______________________________

为了更好地爱自己，我还可以做（具体行动）：

______________________________

______________________________

______________________________

## 拓展阅读

### 爱自己的宣言

张芝华

我从今天开始，学习接受自己的无限可能与局限性，学习肯定与欣赏自己。我完全了解只有当我无条件地肯定与欣赏自己的时候，我才会生活得踏实、快乐。虽然我对自己的某些部分仍然不明白，但我会学习无条件地接受我所有的一切，包括我的原生家庭、成长环境与外在条件、我的念头、我的盼望、我的软弱与我的勇气，因为我知道这样才是爱自己。我不会轻易地批判自己，相反地，我会肯定自己曾经付出的努力，以及从经验中学习对我有用的功课。

从现在开始，我能够和我的每一部分友善地相处，因为我知道每一个部分都是善良的，我爱自己的美，也爱自己的不完美；我知道我被宇宙神圣的爱保护着，充满了安全感。我愿意成长，并为我的生活负责任；我愿意宽恕别人，和生命带给我的种种磨炼，并且创造一个我想要的生活。我是值得被爱的。

我承诺全然地爱自己，接受自己，赞同自己和欣赏自己。不论在我的生命中出现什么风雨，我都会勇往直前，我承诺会一直努力，为自己及身边的人创造和谐健康与幸福的人生。我知道我是值得的。

从今天开始，我带着爱自己的祝福，尽己所能去帮助别人。我带着爱自己的心愿，去实现梦想。我深信所有发生在我生命中的事，都有它的意义，不挣扎、不期待、不害怕，只是接受一切的发生，随顺人生的因缘，观照它，让它来，随它去。

在我无尽的生命中，活着就是一种恩典。我像个孩子般重新去发现人生的不同风景，我越来越有生命力，并感到更加强壮而健康，我是一个身心平衡、健康美好又知足的人，我的每一个念头都在创造我的未来。我大方地接受别人的赞美与肯定，我也欣赏与尊重每个人不同的优点，我的生命充满希望与感恩。我和自己谈恋爱，并且无条件地爱自己的身体与心灵。当我全然地爱自己的时候，我就陶醉在爱的光圈中；当我沉浸在爱的光圈中时，我就会吸引正向美好的人、事物来到我的生命中。我愿意接纳关系中的光明面与黑暗面，我愿意承担关系中的阴晴圆缺与困难考验。

真爱是深刻的、美丽的、完整的。爱是付出，也是接受。无私的爱是上天给我们最美的礼物。如果仇恨是一种疾病，爱是唯一的药方，拥有一颗无私的爱心，便拥有全世界。无我的爱，才是真正充满慈悲心的爱，不求回报的真爱。尊重自己与爱自己，让爱为我带来喜乐而不是痛苦。

（引自：尼娜·拉里什－海德尔《爱自己》，朱刘华，译。北方妇女儿童出版社，2010。有删改）

# 十二、我能行——相信你自己！

恢弘志士之气，不宜妄自菲薄。——诸葛亮

先相信自己，然后别人才会相信你。——罗曼·罗兰

有自信心的人，可以化渺小为伟大，化平庸为神奇。——萧伯纳

吾心信其可行，则移山填海之难终有成功之日；吾心信其不可行，则反掌折枝之易亦无收效之期也。——孙中山

我们必须有恒心，尤其要有自信心！——居里夫人

自信是成功的第一秘诀。——爱默生

## 认识我们的自信心

### 1. 中学生产生自信危机的原因

自信心作为一种人格品质，是非智力因素的重要组成部分，自信是人们对于自己能力和技能的感知，是对自己有效解决各种问题的能力的意识。中学生正处于青春发育期，由于身心的急剧变化，一方面面临自身生理、心理变化的严峻挑战，另一方面要应对日益复杂的社会环境和人际关系，还要不断适应学业上新的挑战。然而，由于心理发展水平有限，中学生尚未形成成熟的价值观、世界观，有许多期望不能实现，从而导致挫折感。不能正确面对挫折，就容易产生自信危机。

### 2. 自信心的重要性

#### 尼克松连任失败

尼克松是我们极为熟悉的美国总统，但就是这样一个大人物，却因为一个缺乏自信的错误而毁掉了自己的政治前程。

1972年，尼克松竞选连任。由于他在第一任期内政绩斐然，所以大多数政治评论家都预测尼克松将以绝对优势获得胜利。

然而，尼克松本人却很不自信，他走不出过去几次失败的心理阴影，极度担心再次出现失败。在这种潜意识的驱使下，他鬼使神差地干出了后悔终生的蠢事——他指派手下的人潜入竞选对手总部的水门饭店，在对手的办公室里安装了窃听器。事发之后，他又连连阻止调查，推卸责任，在选举胜利后不久便被迫辞职。本来稳操胜券的尼克松，因缺乏自信而导致惨败。

缺乏自信心的人容易自我怀疑和否定自己。研究发现，高中生自信心越强，

追求成功的动机越高，愿意倾注更多的精力去追求成功。因此，自信是影响高中生成就动机，取得成功的关键因素。

## 树立自信心的小技巧

### 1. 积极归因

归因是对他人或自己产生某种行为后果原因的解释和推论。

美国心理学家韦纳认为，人们对行为成败原因的分析可归纳为六个因素三个维度（见表 8）。“六个因素”分别是能力高低、努力程度、任务难度、运气好坏、身体状况、外界环境。“三个维度”分别是：

稳定性，即当事人认为影响其成败的原因在于性质上是否稳定。

内 / 外在性，指影响其成败的因素是属于个人条件（内在的），还是来自外在环境（外在的）。

可控性，影响其成败的因素能否由个人意愿所决定。

表 8　韦纳的成败归因

| | 稳定性 | | 内 / 外在性 | | 可控性 | |
|---|---|---|---|---|---|---|
| | 稳定 | 不稳定 | 内在性 | 外在性 | 可控性 | 不可控性 |
| 能力高低 | √ | | √ | | | √ |
| 努力程度 | | √ | √ | | √ | |
| 任务难度 | √ | | | √ | | √ |
| 运气好坏 | | √ | | √ | | √ |
| 身体状况 | | √ | √ | | | √ |
| 外界环境 | | √ | | √ | | √ |

心理学家张铁忠教授等人曾把中学生对学习成败的归因归纳为 5 种类型：

*把失败归之于自己脑子笨、能力差等稳定因素。这会使自己丧失信心，自暴自弃，放弃努力。

*把失败归之于自己不努力等不稳定因素。这会使自己重燃希望，变得努力。

*把失败归之于学习难度大、运气不好等不稳定因素。这会使自己学习的积极性受到影响。

*把成功归之于运气好等外在因素。这会使自己产生侥幸心理，下次不一定会努力。

*把成功归之于自己能力强、努力程度高等内在因素。这既可能使自己满意、自豪，也可能使自己产生骄傲、自负等情绪。

可见，不同的归因方式会影响人们对学习结果的情感体验、后续学习的期望、学习的努力程度、对自己的认识和评价等多个方面，合理的归因催人奋进获得成功，不合理的归因使人颓废甚至失败。

（引自："浙江考试"微信公众号《一轮选考后，心态咋调适？心理老师给你参考答案》，https://mp.weixin.qq.com/s/9GzmWyriu0XPVcz2xWeYlQ，有删改）

在归因时，要遵循以下原则：

（1）客观分析影响你成功的原因，不主观臆测；

（2）一般情况下，先从自己内部找原因，激发自我责任感，而非一味埋怨外部环境或一味自责。

（3）尽量找自己可以改变的原因，不过多归于不可改变的原因。

### 2. 看见自己的努力，体验成功感

美国心理学家塞利格曼1967年研究发现，把狗关在笼子里，只要蜂音器一响，就给狗施加难以忍受的电击，被关在笼子里的狗逃避不了电击，于是在笼子里狂奔，惊恐哀叫。多次实验后，蜂音器一响，狗就趴在地上，惊恐哀叫，不再狂奔。后来实验者在电击前，把笼门打开，此时狗不但不逃，而且不等电击出现，就倒地呻吟和颤抖。它本来可以主动逃避，却绝望地等待痛苦的来临，这就是习得性无助。为什么它们会这样，连"狂奔、惊恐哀叫"这些本能都没有了呢？因为它们已经知道，那些是无用的。

为了避免陷入习得性无助的状态，我们要及时对自己的成功和努力进行强化，看见自己为了目标的付出。比如，你做了家务，妈妈就会允许你玩一小时电脑，这样就会增强你做家务的动机，增加你做家务的行为。再如，有人坐牢了，如果犯人在狱中好好表现，就能减刑，从而增加犯人好好表现的行为。又如，每次考试后，"进步之星""单科王"等评选，能强化同学们的学习行为。

在学习上，我们也可以寻找适宜的强化方法，努力增强自己的学习动机和行为。比如，制订计划书，将计划表格化，完成后用红笔画"√"。当表格里全部都是红色的"√"，满满的成就感就会激发你积极努力地投入学习。

表 9 高一第一周成就计划表（越努力，越幸运）

| 星期一 | 星期二 | 星期三 | 星期四 | 星期五 | 星期六 | 星期天 | 奖励 |
|---|---|---|---|---|---|---|---|
| 计划 1√ | 计划 1√ | 计划 1√ | 计划 1√ | 计划 1√ | 计划 1√ | 计划 1√ | 全部都完成后，奖励自己去吃一顿最想吃的自助餐 |
| 计划 2√ | 计划 2√ | 计划 2√ | 计划 2√ | 计划 2√ | 计划 2√ | 计划 2√ | |
| 计划 3√ | | 计划 3√ | | 计划 3√ | 计划 3√ | | |
| | | 计划 4√ | | | 计划 4√ | | |
| | | | | | 计划 5√ | | |
| | | | | | | | |

## 相信相信的力量

1900 年 7 月，德国精神科专家、医学博士林德曼独自驾驶一叶小舟在大西洋航行，他在进行一次绝无仅有的心理学实验，他要验证一下自信的力量。林德曼博士认为，一个人只要对自己抱有信心，就能保持精神和机体的健康。

当时，德国举国上下都关注着独身横渡大西洋的悲壮冒险，因为已经有一百多位勇士相继驾舟均遭失败，无人生还。林德曼博士认为，这些遇难者不是从生理上败下来的，主要死于精神崩溃、恐慌和绝望，所以他决定亲自驾舟，验证自己的推断。

在航线中，林德曼遇到了常人难以想象的困难，多次面临死亡的危险，有时真有绝望之感。但只要这个念头一涌现，他马上就大声对自己说："懦夫，你想重蹈覆辙，葬身此地吗？不，我一定会成功！我一定会成功！"

在历经千辛万苦之后，终于，他胜利渡过大西洋，成为第一位独身横越的勇士。

（引自：搜狐网《独舟冒险穿越大西洋》，https://www.sohu.com/a/277491075_100029710，有删改）

林德曼博士的故事给了你什么启示？

人的精神状态有难以估量的作用，不论在怎样艰难困苦的条件下，都要相信自己，相信相信的力量！唯有对自己充满信心，才能激发潜能，增强意志力，促使人获得成功。

图 17 我能行——相信你自己（绘制人：胡秋霞）

## 拓展阅读

### 7 body language tips to boost your confidence

People earn more when they boost their self-confidence. Confidence is a skill that you can improve through body language.

Practice smiling

Smiling can trick your brain into feeling happy, even when you feel sad as you're smiling.

When you wake up in the morning, stand in front of your mirror and smile at yourself. When you're in your car or alone at your desk, practice smiling. Be aware of the impact smiling has on other people, and remind yourself to smile more often with others.

Pay attention to posture

When you sit, your back is straight, your rear is against the back of the chair, your feet are flat on the floor, and you bend your knees at a right angle. When standing, you should be able to draw an imaginary straight line from your earlobe through your shoulder, hip, knee and the middle of your ankle. When entering a room of people or a meeting, correct your posture before you walk into the room.

Use power poses

Proper poses can impact your performance, as well as your success at work.

Select two or three poses that you might practice by yourself and in professional situations when you want to appear and feel powerful. Practice doing these poses every day for a few weeks until they feel natural.

Use engaged body language

Engaged body language gives you more confidence and sends powerful messages to others to win them over. It involves using open gestures, smiling, nodding, and mirroring the expressions and movements of the other person.

Think about upcoming situations in which you want to reach an agreement or win someone over. Practice the encounter beforehand using confident body language. In casual conversation, practice mirroring expressions and movements so you feel confident about it before your big meeting.

Remember your arms and legs

Crossing your arms suggests you feel defensive, self-protective, and closed off. Crossing your legs away from another person can suggest you dislike him or feel discomfort. Crossing your ankles can often signal you're holding something back and not expressing it.

Begin to pay attention to what you do with your arms and legs in certain situations. Notice how you are feeling when your arms and/or legs are crossed. What is the other person saying or doing, and why might you feel defensive or closed off?

Begin to change the position of your arms and legs. Crossing your legs at the knee for comfort is fine, as long as it's not combined with crossed arms.

Dress for confidence

Clothes do make a difference in how we perceive ourselves, and how others perceive us. Dressing confidently is more than wearing the trendiest fashion. It's about feeling good and having confident posture in all situations.

It's also about sending the right message to the people you are with. You can boost your confidence when you dress appropriately for the occasion, know the audience, reflect your personal style, and understand the impact of color.

### Practice appropriate eye contact

Confident eyes impart a sense of intimacy in your interactions and make the other person feel more positive and connected to you. However, too much eye contact can send the signal that you're aggressive or maybe even a little strange.

If you feel uncomfortable making eye contact, start to get comfortable by practicing with family and friends. Look at them in the eye for about 50–60 percent of the conversation ideally.

（引自：汤润《提升自信的 7 种肢体语言技巧》，《疯狂英语（新阅版）》2020 年第 9 期，有改动）

# 十三、突破自我设限——让一切皆有可能

人生永远没有太晚的开始。——摩西奶奶

永远不要让现在的思维限制对未来的思考。——稻盛和夫

你生命中唯一的限制是你心中为自己所设的限制。——拿破仑·希尔

## 你觉得有可能吗？

如图 18 所示，请用三条线（可以是曲线）在平面中把相同的数字连接起来。在连的过程中，线与线之间不可以交叉，连线也不可以穿过色块、不能超出边框。如果你觉得有可能，请给出解答。如果你觉得不可能，请给出理由。

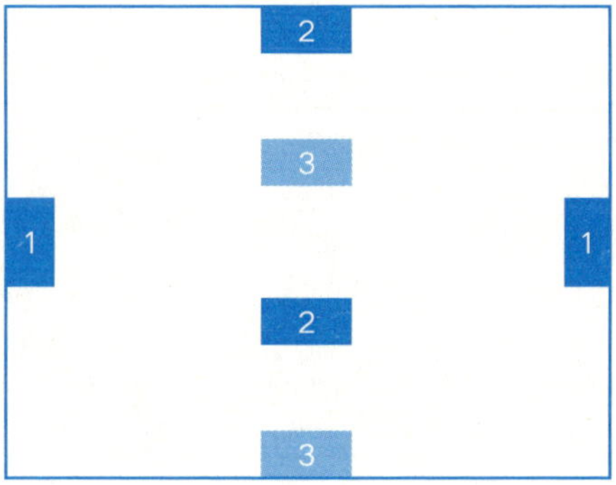


图 18 连线题

## 别轻易对自己说“不可能”

上题中，很多同学在几次尝试后就轻易给出结论：不可能。理由也很充分，无论如何连线都会有交叉。事实上，这道题是可以解答出来的，在连接数字 1 时只需要转几个弯就行了。

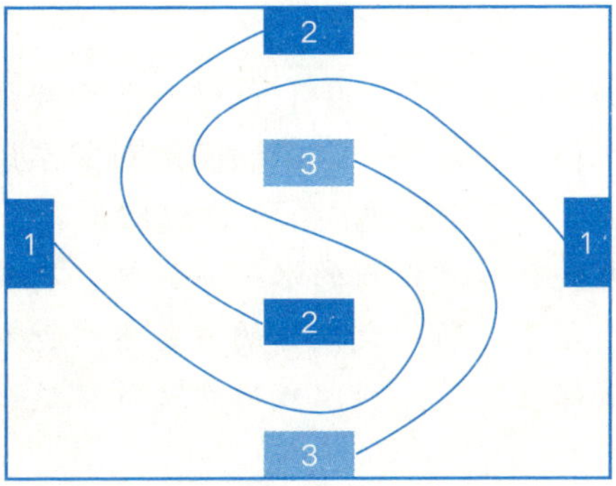


图 19 连线题答案

当一个人认定一件事情不可能的时候，会对他接下来的心理和行为产生巨大的影响。

他会减少付出的努力，甚至直接选择放弃，从而印证之前的判断：那是不可能的。因此，别轻易下结论，别轻易对自己说“不可能”。努力尝试，换种思路或角度，或许就能豁然开朗。

自我设限，简单来说，就是遇到困难时轻易对自己说“不可能”“办不到”。

在心理学上，自我设限是指个体针对可能到来的失败威胁，事先设置障碍，为失败创造一个合理的借口，从而保护自我价值，维护自我形象。也就是说，个体会倾向于提前准备好各种理由和借口，万一失败了，也能说明不是自己能力差，而是其他原因；要是成功了，也能说明自己很厉害。

## 自我设限的原因与突破

### 1. 维护自我价值

自我设限是一种策略性的行为计划，其主要目的之一是维护自我形象，保护自我价值。为了保持自我价值，我们会找各种各样的借口、理由为自己开脱，而最终的结果却是进一步降低了自我价值。

比如，有学生本想参加新生演讲比赛，锻炼自己的胆量，但想着万一忘词，觉得会很丢脸、很尴尬，于是报名前就放弃了，理由还挺充分：这次时间太紧了，下次吧；我这个人就是害羞，确实不适合演讲。结果，每次遇到锻炼的机会，每次都自我设限，这方面的能力永远也得不到发展。

要知道，获取自我价值最好的办法莫过于将一件事情干得漂亮。那些所谓的“借口”只能暂时让我们感觉良好；迎接挑战，克服困难，突破限制，取得成功，才是维护自我形象与价值的最好办法。

### 2. 重要他人的否定

著名励志电影《当幸福来敲门》中有这样一个经典片段：儿子和父亲在篮球场练习投篮，儿子玩得不亦乐乎，自信满满地对父亲说将来想成为一名职业篮球运动员。父亲听后，不假思索地说了下面这段话：

这可不好说。你大概会和我以前的水平一样糟，有其父必有其子嘛。我当时篮球就处于平均水平之下，所以大概你的最终水平也和我一样。你在很多方面都很优秀，但是在篮球上不是。所以我不希望你就这么在这儿整晚地练习投篮，知道了吗？

满怀希望和憧憬，却被父亲泼了冷水，儿子变得灰心丧气，委屈、失望地将篮球扔向一边。此时，父亲突然意识到他对儿子做了多么可怕的一件事：告诉儿子“你不行”。父亲一下子很后悔，想到自己在推销和求职过程中也是一再被人否定，他陷入深思，而后对儿子也是对他自己说了这样一段振奋人心的话：

别让别人告诉你，你成不了才，即使是我也不行。知道了吗？如果你有梦想的话，就要去捍卫它。那些一事无成的人想告诉你，你成不了大器。如果你有理想的话，就要去努力实现，就这样。

最后，这位穷困潦倒的父亲通过努力成为一名成功的股票经纪人，变得非常富有。这就是美国著名黑人投资专家克里斯·加德纳的真实故事。

每个人的成长都难免受到他人的影响，特别是那些重要他人，比如父母、老师、朋友等。可有些时候，这样的影响可能是负面的，他们可能用自己的经验告诉你：你不可能、你办不到、你没希望等等。

在我们小的时候，重要他人的评价、建议或否定对我们的影响确实很大。但随着我们不断长大，每个人就应叩问内心：我究竟想成为一个什么样的人？他人越是告诉我们“不可能”，我们越是要用自己的行动去证明、去捍卫自己的梦想。

因此，请小心保护你的梦想。请记住，别人告诉你不行，是因为他们自己曾经没能做到。

### 3. 自信心的丧失

多次受挫之后，很多人就开始怀疑自己的能力了。“我是不是真的比别人笨”“我好像不是学习的料”等等。不断的消极心理暗示最终导致自信心的彻底丧失，出现所谓的“习得性无助”。流传甚广的“跳蚤实验”讲的就是这个道理。

据说，心理学家曾经用跳蚤做过一个实验。他们将跳蚤放进一个透明的玻璃瓶，跳蚤弹跳能力很强，一下子就蹦出去了。后来，研究者在玻璃瓶上又盖了一块透明的玻璃，刚开始跳蚤不知道，还是不断地往上蹦。但一段时间之后，跳蚤学聪明了，它往上蹦的高度降低了，它只跳到碰不到玻璃盖的高度，以免把自己弄疼。一段时间以后，当研究者将透明的玻璃盖拿开，却发现跳蚤还是只跳原来那样高，而且一直如此。对于跳蚤来说，多次碰撞的经验已经让它认定自己只能跳那么高了。

设想一下，如果我们继续将玻璃盖的高度降低，降低到跳蚤不能跳只能爬的程度。一段时间后，当你将玻璃盖拿开，可能会惊讶地发现，曾经的“弹跳高手”——跳蚤，现在却变成了爬来爬去的“爬蚤”。跳蚤到“爬蚤”的转变也可能发生在人身上，其原因就在于多次挫败后导致信心丧失，以致出现习得性无助。

习得性无助是指有机体在接连不断地遭受挫败后，感到自己对一切都无能为力，由此产生一种强烈的无助感，从而丧失信心、自暴自弃的心理状态。

如何突破习得性无助的困境呢?

仍以跳蚤实验为例，要让“爬蚤”重新变成跳蚤，恢复弹跳能力，可以对其进行恢复信心的行为训练。试想一下，先在“爬蚤”抬头就能够得着的地方放置食物，然后再不断提升食物的高度，通过这样循序渐进的训练，跳蚤最后就有可能恢复弹跳能力。对于同学们来说，要想重拾自信，就得先为自己订立一个小目标，先从简单的、容易的任务开始，不断积累成功的经验。要知道，不仅失败是成功之母，成功也是成功之母。

### 4. 固定思维的局限

“希望渺茫”，这是很多人对自己说“不可能”的重要原因。看似合情合理，实则可能是受到固定思维的局限。

斯坦福大学心理学教授卡罗尔·德韦克发现了学生对自身天资及能力的不同思维模式，即固定型思维和成长型思维。固定型思维的人认为天资和能力是确定的，而成长型思维的人认为天资和能力是一种可被开发的品质。

“希望渺茫”，说明还是有可能的。假设当前的可能性只有3%，只要有足够的时间，我们可以通过自己的努力、行动，让这个可能性逐渐增加，变成7%，变成30%，变成70%。

每个人都应坚信：我们的能力可以通过学习与努力、尝试与挑战得到不断提高。因为我们的大脑具有很强的可塑性，它就像你的肌肉，拥抱挑战、努力尝试能让它变得更强！大脑是由千亿个神经元组成的，每一次的学习与努力、尝试与挑战都会让神经元之间形成新的联结。

人生永远没有太晚的开始，正如网络红人王德顺大爷传奇的人生一样：

我是王德顺，地地道道的沈阳人，一场T台走秀让很多人认识了我。有人叫我最帅大爷，也有人说，我一夜爆红。

可是你知道吗？为了这一天。我足足准备了六十年！

二十四岁我当话剧演员，四十四岁开始学英语，四十九岁创造了造型哑剧，到北京，成了一名老北漂，没房没车，一切从头开始。五十岁，我进了健身房，开始健身。五十七岁，我再次走上了舞台，创造了世界上唯一的艺术形式，它叫活雕塑。七十岁，我开始有意识地练腹肌，七十九岁，我走上了T台。我今年八十岁，还有梦，还有追求。

人的潜能是可以挖掘的，当你要说太晚了的时候，你一定要谨慎，它可能是你退却的借口。没有谁能够阻止你成功，除了你自己。

图20 突破自我设限（绘制人：李泳霏）

## 拓展阅读

### 追梦赤子心

电影《空天猎》片尾曲
词/曲：苏朵
演唱：鹿晗

充满鲜花的世界到底在哪里
如果它真的存在那么我一定会去
我想在那里最高的山峰矗立
不在乎它是不是悬崖峭壁

用力活着用力爱哪怕肝脑涂地
不求任何人满意只要对得起自己
关于理想我从来没选择放弃
即使在灰头土脸的日子里

也许我没有天分
但我有梦的天真
我将会去证明用我的一生
也许我手比较笨
但我愿不停探寻
付出所有的青春不留遗憾

向前跑　迎着冷眼和嘲笑
生命的广阔不历经磨难怎能感到
命运它无法让我们跪地求饶
就算鲜血洒满了怀抱

继续跑　带着赤子的骄傲
生命的闪耀不坚持到底怎能看到
与其苟延残喘不如纵情燃烧吧
有一天会再发芽

未来迷人绚烂总在向我召唤
哪怕只有痛苦作伴也要勇往直前
我想在那里最蓝的大海扬帆
绝不管自己能不能回还

失败后郁郁寡欢
那是懦夫的表现
只要一息尚存请握紧双拳
在天色破晓之前
我们要更加勇敢
等待日出时最耀眼的瞬间

向前跑　迎着冷眼和嘲笑
生命的广阔不历经磨难怎能感到
命运它无法让我们跪地求饶
就算鲜血洒满了怀抱

继续跑　带着赤子的骄傲
生命的闪耀不坚持到底怎能看到
与其苟延残喘不如纵情燃烧
为了心中的美好
不妥协直到变老

# 情绪调节篇

人是情绪化的动物，也是理智的动物。但真实情况是，生活中的大事、小事常常左右着我们的情绪，结果伤害了别人，也伤害了自己。被人误解时，委屈难过、伤心不已；临近考试时，紧张焦虑，顾此失彼；遭遇失败时，情绪低落，精神萎靡……你选择做情绪的奴隶，还是做情绪的主人？你能否向世界宣布——我的情绪我做主？通过本章的学习，相信你能做出肯定的回答！

# 十四、认识情绪，觉察情绪

任何时候，一个人都不应该做自己情绪的奴隶。——罗伯·怀特

能控制好自己情绪的人，比能拿下一座城池的将军更伟大。

——拿破仑

如果你对周遭的任何事物都感到不舒服，那是你的感受造成的，并非事物本身如此。借着心情的调整，你可以在任何时刻都振奋起来。

——奥雷柳斯

情绪这种东西，非得严加控制不可，一味纵容地自悲自怜，便越来越消沉。——亦舒

愉快的笑声，是精神健康的可靠标志。——契诃夫

## 情绪及其功能

非洲草原上，有一种吸血蝙蝠，最大的体长不超过 9 厘米，体重不超过 30~40 克，它们靠吸食动物的血生存，常叮在野马的腿上吸血。不管野马怎样暴怒、狂奔，就是拿这个“小家伙”没办法，它们可以从容地吸饱再离开，而不少野马被活活折磨死。动物学家发现，吸血蝙蝠所吸的血量极少，远不足以使野马死去，野马的死因是暴怒和狂奔。

情绪是所有哺乳动物与生俱来的本能，是对环境中刺激源所产生的反应。研究发现，每种情绪都具备独特的功能，无论是愤怒、厌恶、悲伤，还是爱、高兴和欣喜，既具有内部功能（由情绪引发行为反应能直接解决问题，或者至少能使事情变得更好。如看见蛇，你很害怕，选择远远避开），又有社会功能。情绪本身没有好坏对错，但对情绪的表达和反应有建设性或破坏性的效果。

情绪的力量是巨大的，人的行为由情绪驱动。当人被情绪控制的时候，可能会失去理智。如果人的情绪失控，人就会生病、发疯、自杀甚至杀人。

## 情商

萨洛维和约翰·梅耶 1990 年提出情商的概念，即情绪管理的能力，对情绪智力定义为：了解自身情绪，管理自身情绪，自我激励，认识他人的情绪，处理人际关系。

### 1. 了解自身情绪

能识别到感受的发生，这是情绪智力的基石。如果无法注意到自身的真实感受，我们就只能被感受操控。对自身情绪更加确定的人对生活有更强的掌控能力。

当妈妈说你学习不努力时，你哭了，你能识别你的感受吗？是委屈、难过、痛苦、生气，还是激动高兴？这一点很重要，会影响你后面的行为。

### 2. 管理自身情绪

你想摆脱过度焦虑、阴郁或易怒情绪吗？你会自我减压吗？

情绪调节能力差的人常常感受到痛苦，情绪调节能力强的人则可以更快地从挫折和烦恼中恢复。

亚里士多德说我们需要的是恰当的情绪，对环境恰如其分的感知，情绪过于模糊，会产生乏味和隔离；情绪失去控制，持续时间过长，会变成一种病态，比如常态性抑郁、过度焦虑、狂躁症和愤怒等。

### 3. 自我激励

越王勾践忍辱负重、卧薪尝胆，最终灭吴，成为枭雄霸主；孙膑忍辱负重，装疯卖傻，最终助齐国成就霸业。自我控制情绪即延迟满足和抑制冲动，这是所有成功的基础。

### 4. 识别他人的情绪

能理解他人的感受，站在他人的立场上，尊重人们对事物的不同感受，是具有同理心、高情商的重要表现。

英语考试，晴晴和玲玲都考了 120 分，玲玲高兴极了，晴晴难过得哭了，朋友们安慰晴晴说："已经很好了，我都没考过 120 分，你真矫情……"对此，你怎么看？

### 5. 处理人际关系

你的人际关系融洽吗？遇事你会选择息事宁人逃避忍让吗？人际关系的艺术离不开管理他人情绪。善于处理人际关系的人，在任何需要良好人际互动的领域都会有出色的表现。

想一想，你在情商的哪个方面表现突出，在哪个方面亟待加强？你身边的亲人、朋友、同学，他们的情商如何？你可以写下来与他们探讨。

智商高，情商也高的人，春风得意；智商不高，情商高的人，贵人相助；智商高，情商不高的人，怀才不遇；智商不高，情商也不高的人，一事无成。

## 觉察情绪

觉察情绪，是指意识到我们对某个事物的真实感受，这种自我意识是对内在心理的持续关注，是自我观察。把自己当作旁观者，站在自己的旁边观察自己，而且保持中立。

有一次，一位好斗的武士质问一位禅师，让他解释何为极乐世界，何为地狱，禅师叱责道："粗鄙之辈，何足论道！"

武士感到受了侮辱，暴跳如雷。他从刀鞘中拔出长刀，吼道："如此无礼，我杀了你！"

禅师平静地回答："彼为地狱。"

武士突然领悟到，禅师所说的地狱指的是他受到愤怒的控制，于是立刻平静下来，把刀插入刀鞘，向禅师鞠躬，感谢他的点拨。

禅师又说："彼为极乐世界。"

（引自：丹尼尔·戈尔曼《情商——为什么情商比智商更重要》，杨春晓，译。中信出版社，2018。有删改）

做情绪的奴隶，还是做情绪的主人，首先取决于个体能否觉察自己的情绪。武士在禅师的点拨下，通过情绪觉察，领悟到地狱与极乐世界的天差地别。

你能很好地觉察自己的情绪吗？请回忆最近引起你强烈负性情绪体验的事，然后觉察你的情绪感受和想法。

把每一次情绪的起伏，视作学会调控自己情绪的练习。当我们能够做自己情绪的主人而不是奴隶时，内心会感受到真正的愉悦、宁静和自由。

## 情绪表达

如果用 1~10 来表示情绪高低，1 表示情绪低落，10 表示情绪高涨，你此时此刻的情绪数字是几？是什么感受？为什么？

______________________________________________

______________________________________________

下面是一些常见的描述情绪的词汇，你能否辨别清楚它们的含义，并且用来表达自己的感受？

高兴、开心、快乐、甜美、甜蜜、喜悦、心花怒放、愉快、愤慨、愤怒、气愤、悲哀、沉痛、痛苦、胆怯、害怕、惊吓、恐怖、恐惧、敌视、仇恨、反感、不爽、厌烦、担心、忧郁、郁闷、高傲、狂妄、自负、自豪、焦急、焦虑、羞耻、后悔、内疚、恼怒、气恼、辛酸、悔恨、悲愤、颓废、萎靡

你常常感受到的情绪是哪些呢？请写在下面。

______________________________________________

______________________________________________

______________________________________________

根据下面情景，请你识别并表达情绪感受，同时用数字给情绪评分，写下原因。

当我被别人踩了一脚，踩人者却并无歉意，我感到______________。

很想看书却看不进去时，我感到______________。

通过一个学期的不懈努力，我的成绩有了很大的提升，我感到__________。

被同学误解了，我感到______________。

父母总是在我面前唠叨学习，我感到______________。

当我收到一份意外的礼物，我感到______________。

夜深了，我想睡了，寝室同学却还在玩闹，我感到______________。

就要考试了，我还有很多知识没有复习，我感到______________。

听到有人说我坏话，我感到______________。

心爱的杯子被打碎了，我感到______________。

当______________，我感到______________。

当______________，我感到______________。

## 情绪调节

### 1. 正念冥想

研究发现，冥想能直接增加人们的积极情绪和情感，减少或缓解消极情绪，从而促进心理健康。

图 21 认识情绪，觉察情绪（绘制人：王子萱）

## 2. 多角度看问题

根据情绪 ABC 理论，引起人们情绪及行为结果 C 的直接原因并不是诱发事件 A 本身，而是人们对诱发事件的主观看法、解释和评价，即信念 B。同样的事件，如果我们的主观看法、解释和评价不同，产生的情绪就会大相径庭。

请你试着完成表 10 的练习。

表 10 情绪调节表

| 诱发事件（A） | 事件诱发的信念（B） | | 情绪及行为结果（C） | | |
|---|---|---|---|---|---|
| | | | 你的情绪 | 你的行为 | 结果 |
| 明天要考试，我感觉没复习好，课间问同学问题，他说这么简单的都不会，笨死了 | 解读 1 | 我真的好笨，简单的问题都不会，我怎么就不会呢 | 自责（5 分）沮丧（6 分） | 不敢继续求助 | 感觉很自卑 |
| | 解读 2 | | | | |
| | 解读 3 | | | | |

## 3. 合理宣泄

以不伤人不伤己的方式进行情绪宣泄，比如说出来、写出来、哭出来、吼出来、动起来。

社会认知神经科学奠基人之一马修·利伯曼说：“人脑具有压力调节功能，语言文字正是开启这一功能的钥匙。当你将情感注入文字时，将启动大脑负责情绪自我控制的区域。这可以控制紧张情绪。”美国明尼苏达大学的心理学教授威廉·佛莱发现，情感性流泪的泪水中，蛋白质含量增多，测试表明，这些蛋白质具有类似止痛剂的效果。

## 拓展阅读

### 情绪是魔鬼还是天使

听很多人说：情绪是魔鬼。

我们说情绪是魔鬼，是因为许多人在情绪冲动时做了伤害自己、伤害他人的事情。所以有“一失足成千古恨”之说。水是滋养我们的生命之源，但发生洪灾时也吞噬过数不清的生命；火给予了我们很多能量，使我们能够取暖、做饭、制作很多东西，但发生火灾时，也会烧毁一切我们认为有价值的东西——包括生命。那么我们是否也可以说，水和火是魔鬼？

它们都是生命的资源，可以是魔鬼，也可以是天使，关键取决于人们是否对他们失去控制。

其实，情绪也一样是生命的资源。没有什么情绪是魔鬼，所有情绪本质上都是天使，都在守护我们。

正面积极的情绪告诉我们，现在所处的状态很幸福，或者正在靠近幸福。

负面消极的情绪告诉我们，此时此刻的状态正在远离幸福的轨道，一如疼痛对身体的作用。想象一下，如果没有疼痛，我们受伤、骨折都会毫无感觉，结果会如何？在医学上，没有疼痛感的人，生命都会很短暂，由于感觉不到痛苦，患者经常弄伤自己，导致严重感染，危及生命，他们的寿命一般都很难超过 25 岁。

情绪本身并无好坏，也无对错，是我们自己的分别心，让我们想极力远离负面情绪，追逐积极情绪。

我们需要的不是咒骂“情绪是魔鬼”，而是学习如何让情绪成为我们的卫士以及幸福指南。

比如，当我们感到难过或抑郁时，一般意味着已经失去或将会失去一些自己觉得珍贵的东西，包括有形的和无形的，物质的和非物质的；或者我们无法企及我们希望达到的目标。

当我们感到愤怒时，意味着别人冒犯了我们，冒犯了我们为人处事的标准，冒犯了我们的一些道德标准；也有可能是有人拿了我们的东西，抢了我们的爱人……

当我们感到焦虑和害怕，意味着我们对未来会发生的一切不确定，不能把握，害怕产生和自己的预期相差太大的不好结果。

当我们感到愧疚时，意味着我们做了对不起别人的事情。

当我们感到羞愧时，意味着我们做了违反社会或文化准则的事情。

所以，当每一种情绪来临的时候，我们先要静下心来搞清楚这个情绪到底意味着什么，如此，我们就不会让自己的时间和精力陷在情绪之中，逃避或者与之对抗，而是去探究情绪背后的原因，找到需要改变的方向。

情绪是天使，是保镖，特别是负面情绪。因为在痛苦中，我们才会真的停下来，静下来，思考改变。

（引自：海蓝博士《不完美，才美Ⅱ》，广东人民出版社，2016。有删改）

# 十五、珍爱生命，活出价值

谁能以深刻的内容充实每个瞬间，谁就是在无限地延长自己的生命。

——库尔茨

生命的意义是在于活得充实，而不是在于活得长久。

——马丁·路德·金

人生的价值，并不是用时间，而是用深度去衡量的。

——列夫·托尔斯泰

## 生命之初

我们的生命是怎么来的？当我们年少无知时问父母我们是从哪里来的，他们当时是怎么回答的？为了弄清楚生命产生的过程，可以看看生命产生的动画视频了解生命历程。

1. 原来生命都是从一颗小小的受精卵变成的，是爸爸和妈妈的爱带来了生命。

2. 生命有着一个漫长、艰辛而幸福的诞生之旅。生命从胚胎到胎儿，从胎儿到婴儿，十月怀胎，实属不易，每一个生命都倾注了妈妈爸爸无私的爱，每个生命都不只是属于自己。

3. 生命是偶然的到来，生命都是独一无二的，每个生命都是一个奇迹！

## 生命之长

生命很珍贵，我们却不能牢牢地抓在自己手中，因为生命的长度是有限的，生命有时很脆弱！我们的生命会因为什么原因而结束？

在自然灾害中，在意外伤害中、在各类疾病中、在自杀中我们都有可能失去生命。

所以，你要牢牢记住，这个世界上没有任何人可以并且有能力向你承诺：你可以无忧无虑地活到某个期限之后，才来考虑这个问题。死亡可以在任何地点、任何时间不打任何招呼地贸然现身。生命是有一个尽头的，不管你愿意与否，在那里绝对竖立着死亡的墓碑。

## 生命之宽

几千年来，多少帝王将相殚精竭虑寻求各种仙方秘术，妄想万岁万万岁。然而，人的生命不以人的意志为转移，“神龟虽寿，犹有竟时。螣蛇乘雾，终为土灰。”时间对于每个人都是公平的。那么，一个人怎样才能延长自己的生命，让自己活得更有价值呢？

“你无法延长生命的长度，却可以把握它的宽度；无法预知生命的外延，却可以丰富它的内涵；无法把握生命的量，却可以提升它的质。”法国文学家托马斯·布朗这段富有哲理的名言，让我们感受到拓展生命的宽度，活出生命的价值才是对生命最好的珍爱。

在现实生活中，有无数这样的人，他们有只争朝夕、昂扬向上的精神，有百折不挠、坚忍不拔的毅力。他们努力拓展生命的宽度，比如艺术家、画家、作家黄美廉，四川“断臂女孩”雷庆瑶，感动中国人物、无臂钢琴师刘伟，等等。

黄美廉从小就患上了脑性麻痹症。这种病的症状十分惊人，因为肢体失去平衡感，手足会时常乱动，嘴里也会经常念叨着模糊不清的词语，模样十分怪异。医生根据她的情况，判定她活不过6岁。在常人看来，她已失去了语言表达能力与正常的生活条件，更别谈什么前途与幸福。但她却坚强地活了下来，而且靠顽强的意志和毅力，考上了美国加州州立大学，并获得了艺术博士学位。她靠手中的画笔，还有很好的听力，抒发着自己的情感。在一次讲演会上，一位学生贸然地这样提问：“黄博士，你从小就长成这个样子，请问你怎么看你自己？你有过怨恨吗？”在场的人都暗暗责怪这个学生的不敬，但黄美廉却没有半点不高兴，她以一句话做结论：我只看我所有的，不看我所没有的！

图 22　珍爱生命，活出价值（绘制人：熊佳欣）

黄美廉不向命运屈服、热爱生命的精神令人感动。是啊，要想使自己的生命变得更宽，就必须要经受住磨难的考验，拓展生命的价值。

## 生命之誓

最后，我们一起庄严地对生命做出承诺：
前行路上，
无论遇到什么，
我都要选择——
珍爱生命！
活着、活好、活出价值！
活着、活好、活出价值！
活着、活好、活出价值！

## 拓展阅读

### 我很重要

毕淑敏

当我说出“我很重要”这句话的时候，颈项后面掠过一阵战栗。我知道这是把自己的额头裸露在弓箭之下了，心灵极容易被别人的批判洞伤。许多年来，没有人敢在光天化日之下表示自己“很重要”。我们从小受到的教育都是——“我不重要”。

作为一名普通士兵，与辉煌的胜利相比，我不重要。

作为一个单薄的个体，与浑厚的集体相比，我不重要。

作为一位奉献型的女性，与整个家庭相比，我不重要。

作为随处可见的人的一分子，与宝贵的物质相比，我们不重要。

我们——简明扼要地说，就是每一个单独的“我”——到底重要还是不重要？

我是由无数星辰日月草木山川的精华汇聚而成的。只要计算一下我们一生吃进去多少谷物，饮下了多少清水，才凝聚成一具美轮美奂的躯体，我们一定会为那数字的庞大而惊讶。平日里，我们尚要珍惜一粒米、一叶菜，难道可以对亿万粒菽粟亿万滴甘露濡养出的万物之灵，掉以丝毫的轻心吗？

当我在博物馆里看到北京猿人窄小的额和前凸的吻时，我为人类原始时期的粗糙而黯然。他们精心打制出的石器，用今天的目光看来不过是极简单的玩具。如今很幼小的孩童，就能熟练地操纵语言，我们才意识到已经在进化之路上前进了多远。我们的头颅就是一部历史，无数祖先进步的痕迹储存于脑海深处。我们是一株亿万年苍老树干上最新萌发的绿叶，不单属于自身，更属于土地。

人类的精神之火，是连绵不断的链条，作为精致的一环，我们否认了自身的重要，就是推卸了一种神圣的承诺。

回溯我们诞生的过程，两组生命基因的嵌合，更是充满了人所不能把握的偶然性。我们每一个个体，都是机遇的产物。

常常遥想，如果是另一个男人和另一个女人，就绝不会有今天的我……

即使是这一个男人和这一个女人，如果换了一个时辰相爱，也不会有此刻的我……

即使是这一个男人和这一个女人在这一个时辰，由于一片小小落叶或是清脆鸟啼的打搅，依然可能不会有如此的我……

一种令人怅然以至走入恐惧的想象，像雾霭一般不可避免地缓缓升起，模糊了我们的来路和去处，令人不得不断然打住思绪。

我们的生命，端坐于概率垒就的金字塔的顶端。面对大自然的鬼斧神工，我们还有权利和资格说我不重要吗？

对于我们的父母，我们永远是不可重复的孤本。无论他们有多少儿女，我们都是独特的一个。

假如我不存在了，他们就空留一份慈爱，在风中蛛丝般飘荡。

假如我生了病，他们的心就会皱缩成石块，无数次向上苍祈祷我的康复，甚至愿灾痛以十倍的烈度降临于他们自身，以换取我的平安。

我的每一滴成功，都如同经过放大镜，进入他们的瞳孔，摄入他们心底。

假如我们先他们而去，他们的白发会从日出垂到日暮，他们的泪水会使太平洋为之涨潮。面对这无法承载的亲情，我们还敢说我不重要吗？

我们的记忆，同自己的伴侣紧密地缠绕在一处，像两种混淆于一碟的颜色，已无法分开。你原先是黄，我原先是蓝，我们共同的颜色是绿，绿得生机勃勃，绿得苍翠欲滴。失去了妻子的男人，胸口就缺少了生死攸关的肋骨，心房裸露着，随着每一阵轻风滴血。失去了丈夫的女人，就是齐斩斩折断的琴弦，每一根都在雨夜长久地自鸣……面对相濡以沫的同道，我们忍心说我不重要吗？

俯对我们的孩童，我们是至高至尊的唯一。我们是他们最初的宇宙，我们是深不可测的海洋。假如我们隐去，孩子就永失淳厚无双的血缘之爱，天倾东南，地陷西北，万劫不复。盘子破裂可以粘起，童年碎了，永不复原。伤口流血了，没有母亲的手为他包扎。面临抉择，没有父亲的智慧为他谋略……面对后代，我们有胆量说我不重要吗？

与朋友相处，多年的相知，使我们仅凭一个微蹙的眉尖、一次睫毛的抖动，就可以明了对方的心情。假如我不在了，就像计算机丢失了一份不曾复制的文件，他的记忆库里留下不可填补的黑洞。夜深人静时，手指在揿了几个电话键码后，骤然停住，那一串数字再也用不着默诵了。逢年过节时，她写下一沓沓的贺卡。轮到我的地址时，她闭上眼睛……许久之后，她将一张没有地址只有姓名的贺卡填好，在无人的风口将它焚化。

相交多年的密友，就如同沙漠中的古陶，摔碎一件就少一件，再也找不到一模一样的成品。面对这般友情，我们还好意思说我不重要吗?

我很重要。我对于我的工作我的事业，是不可或缺的主宰。我的独出心裁的创意，像鸽群一般在天空翱翔，只有我才捉得住它们的羽毛。我的设想像珍珠一般散落在海滩上，等待着我把它用金线串起。我的意志向前延伸，直到地平线消失的远方……没有人能替代我，就像我不能替代别人。

我很重要。我对自己小声说。我还不习惯嘹亮地宣布这一主张，我们在不重要中生活得太久了。

我很重要。我重复了一遍。声音放大了一点。我听到自己的心脏在这种呼唤中猛烈地跳动。

我很重要。我终于大声地对世界这样宣布。片刻之后，我听到山岳和江海传来回声。

是的，我很重要。我们每一个人都应该有勇气这样说。我们的地位可能很卑微，我们的身份可能很渺小，但这丝毫不意味着我们不重要。

重要并不是伟大的同义词，它是心灵对生命的允诺。

人们常常从成就事业的角度，断定我们是否重要。但我要说，只要我们在时刻努力着，为光明在奋斗着，我们就是无比重要地生活着。

让我们昂起头，对着我们这颗美丽的星球上无数的生灵，响亮地宣布——

我很重要。

（选自：毕淑敏《我很重要》，漓江出版社，2016。有改动）

# 十六、你可以不生气——控怒有方

无论你怎样表达愤怒，都不要做出任何无法挽回的事来。

——弗兰西斯·培根

愤怒一旦与愚蠢携手并进，后悔就会接踵而来。 ——富兰克林

愤怒是用别人的过错惩罚自己。 ——亚历山大·蒲柏

血气沸腾之际，理智不太清醒，言行容易逾分，于人于己都不宜。

——梁实秋

愤怒是人的本能，每个人都体验过愤怒。研究表明，刚出生3个月的婴儿就已经出现愤怒的行为反应了，如果你不让他自由活动，或是没有及时给他喂奶、换尿布，他可能就会以大哭大闹的方式来表达自己的愤怒。

作为人类的基本情绪之一，愤怒是指当个体的愿望或利益一再受到限制、阻碍或侵犯，内心的紧张和痛苦不断积累而导致的带有反抗和敌意体验的情绪。根据“挫折－攻击”理论，愤怒或者攻击性行为是表达挫败感的一种方式。在临床心理学上，愤怒通常被认为是维护自尊的一种方式，当自尊感受到侵害时，人们便会通过愤怒的方式来阻止侵害，维护自我价值。

## 愤怒的积极意义

愤怒有着至关重要的进化学意义，没有它，我们将永远成为受害者。愤怒至少具有两个方面的价值：一是让我们敏锐地觉察受到的威胁或攻击；二是赋予我们有效应对威胁或者攻击的能力。正如著名作家、心理治疗师毕淑敏在《珍惜愤怒》一文中所言：

我愿以我生命的一部分为代价，换取永远珍惜愤怒的权利。

愤怒是人的正常情感之一，没有愤怒的人生，是一种残缺。当你的尊严被践踏，当你的信仰被玷污，当你的家园被侵占，当你的亲人被残害，你难道不滋生出火焰一样的愤怒吗？当你面对丑恶、面对污秽，面对人类品质中最阴暗的角落，面对黑夜里横行的鬼魅，你难道能压抑住喷薄而出的愤怒吗？

愤怒是我们生活中的盐。当高度的物质文明像软绵绵的糖一样簇拥着我们的时候，现代人的意志像被泡酸了牙一般软弱。小悲小喜缠绕着我们，我们便有了太多的忧郁。城市人的意志脱了钙，越来越少倒拔垂杨柳强硬似铁怒目金

刚式的愤怒，越来越少见幽深似海水波不兴却孕育极大张力的愤怒。

没有愤怒的生活是一种悲哀。犹如跳跃的麋鹿丧失了迅速奔跑的能力，犹如敏捷的灵猫被剪掉胡须。当人对一切都无动于衷，当人首先戒掉了愤怒，随后再戒掉属于正常人的所有情感之后，人就在活着的时候走向了永恒——那就是死亡。

因此，愤怒作为一种负性情绪并非毫无意义和价值。愤怒能够让人感受到自己拥有保护自己的能力。表达出自己的愤怒，才能让别人知道你的底线与原则。一味做老好人，从不厉声惧色，只会招来外界苍蝇般的侵扰。捍卫自己的权利，保护自身的价值，在某些情况下你需要用愤怒作为自己的宣言。

## 愤怒的潜在危险

不加以管理和控制的愤怒可能会带来非常严重，甚至是毁灭性的后果。正如西方的一句谚语：愤怒只比危险少了一个字母（Anger is only one letter short of danger.）。因此，表达愤怒需要把握好度，切莫伤人伤己。一般而言，频繁而强烈的愤怒，或习惯性的愤怒可能会带来以下危害。

### 1. 损害身体健康

如果一个人经常生气发怒，不加以克制，会给自己的身体健康带来很大的危害。早在《黄帝内经》中就已提到“怒伤肝”，“三气周瑜”的故事也让我们看到“气死人了”是有可能成为现实的。

当人生气发怒，我们的身体便开启应激状态，此时全身紧绷、心跳加快、血压升高、认知狭窄、情绪高亢、行事冲动，极易做出不理智、极端之事。长期处于愤怒的应激状态之下，身体将不堪重负。欧洲心脏杂志的一项研究结果发现，人在大怒后的两小时内，发生心脏疾病的概率是平时的 8.5 倍。另一项来自加利福尼亚大学伯克利分校的研究结果认为，长远来看，爱生气的人比普通人更容易出现高血压、胸痛以及其他的心血管问题。正所谓，生别人的气，伤自己的身。

### 2. 破坏人际关系

一个人在被愤怒冲昏头脑时极易说出一些特别伤人的话或做出一些不太理智的行为，从而破坏自己的人际关系，尤其是亲密关系。心理学研究表明：我们生气的对象往往是熟悉的人。最常见的生气对象有伴侣、孩子、同事和朋友。愤怒时说出的恶言恶语，做出的出格行为可能会给对方的心灵带来永久的伤痕。即使对方最后选择原谅，但很有可能你们之间的关系再也无法恢复到最开始的赤诚相待。

### 3. 造成精神痛苦

愤怒可能带来抑郁、焦虑，也可能让你自责、内疚，更有可能让你感到绝望和无助。暴怒之后，留给自己更多的是悔恨，是对自己无法自控的埋怨。所以有人说，你有多愤怒，就有多痛苦！

## 调控愤怒的方法

愤怒是一种情绪能量，在沉默中不断累积可能会造成最终的爆发，需要我们通过各种恰当的方式加以调控和表达。

### 1. 让情绪冷却下来

当我们被激怒，就快要放出狠话、使出狠招时，应该及时冷却自己的情绪。可尝试通过以下三步来实现：

第一，闭眼开始深呼吸。深呼吸能够调节身心紧张、激动的状态。闭眼的同时也可以想象一些轻松的画面来转移自己的注意力。若第一步没什么用，可以进入第二步。

第二，离开让你愤怒的情景。愤怒时，人的思维容易变得狭窄，冲突容易升级。离开一会儿，有助于开阔思维，平复情绪，找到更好的处理办法。

第三，转移注意力。离开愤怒情景后，可以去做一些你感兴趣的事情，如看看书、逛逛街、打打球、吃吃美食等。

### 2. 学会换位思考

很多人的愤怒其实源于自我中心，自以为是地揣度、猜测别人的意图。如果在生气愤怒时能够学会换位思考，看见并且理解别人内心真实的想法、需要、意图，很多怒火便会烟消云散，就像下面的这个故事一样。

一位农夫请盲人到家里吃饭。吃过饭时天已黑，可盲人一定要回家，农夫没办法，就给盲人提了一盏灯笼。盲人非常生气："你明知道我看不见，却给我一盏灯，你这不是在嘲笑我吗？"农夫解释道："正因为你看不见，我才给你提一盏灯。我并不是嘲笑你，而是在乎你。虽然你看不见，但是别人可以，这样别人就不会因为看不见而撞到你。"盲人听后，怒火瞬间消失，心里倍加感激。

### 3. 学会宽容体谅

古语云：忍一时风平浪静，退一步海阔天空。事实上，愤怒和仇恨远比你憎恨的那个人更能伤人。所以，宽恕别人，其实也是放过了自己。正如南非首任黑人总统曼德拉，他因宽容而伟大。

曼德拉曾因为领导反种族隔离制度运动而被迫入狱。白人统治者把他关在罗本岛监狱长达27年，他受尽三位白人看守的虐待。1994年，曼德拉出狱当选总统，他在就职典礼上的一个举动震惊了全世界——

就职仪式开始，曼德拉起身致辞欢迎来宾。他先介绍了来自世界各国的政要，然后他说，虽然他深感荣幸能接待这么多尊贵的客人，但他最高兴的是当初他被关在罗本岛监狱时，看守他的三名前狱方人员也能到场。接着，年迈的曼德拉恭敬地向三个曾关押他的看守一一致敬，在场所有来宾都静了下来。他说："当我走出囚室，迈过通往自由的监狱大门时，我已经清楚，自己若不能把悲痛与怨恨留在身后，那么我其实仍在狱中。"

心理学研究表明，宽恕比报复对愤怒具有更好的降低作用。因为，受害者出于报复动机可能会对冒犯事件所带来的愤怒感进行不断"反刍"。反刍是指被冒犯者被动并且反复卷入对其所经历的消极或伤害事件的关注。这种不断的"反刍"不仅没有帮助被冒犯者降低愤怒，还可能反过来增强其愤怒感。

### 4. 恰当表达愤怒

愤怒不必过分压抑，关键在于恰当表达。非暴力沟通（NVC）的创始人马歇尔·卢森堡曾说："所有愤怒的核心是需求没有被满足。"因此，表达愤怒时，我们需要坦诚自己内心的感受和需要，而不是批评或指责对方。我们可以采用以下四步表达愤怒。

第一，具体描述因何事件而生气。通常可以说"当你说（做）……的时候"。

第二，描述自己生气、愤怒的程度。一般可以说"我感到……生气"。

第三，描述自己生气愤怒的具体原因。

第四，描述自己希望对方具体怎么做。

总结成一句话就是："当……我觉得……生气，因为……我希望……"

请回想自己生活中发生的真实事件，试着用以上句式来表达愤怒。

图23 你可以不生气——控怒有方（绘制人：熊佳欣）

## 拓展阅读

### 爱地巴的智慧

有一个叫爱地巴的人，每当他与别人发生争执，或遇到不愉快的事时，就赶紧跑回家，然后绕着自家的房屋和土地跑三圈。每跑一圈，他的心情就会舒缓许多，到第三圈结束时，他宛若换了一个人似的，精神抖擞，浑身散发出使不完的劲儿。

起初，大家都不明白其中的道理，还以为他是借跑步来发泄内心的不满。但没过几年，人们惊讶地发现，爱地巴的房子越来越大，土地越来越多。这是怎么回事呢？难道受委屈还能致富吗？

有一次，爱地巴又绕着自家的房屋跑了三圈，他的邻居不解地问："你这样做是为什么呢？看你跑得满头大汗，赶紧停下来吧！"爱地巴抹了一把头上的汗说："年轻的时候，当我遇到不平的事，或与人发生争吵时，我就绕着自家的房屋和土地跑三圈，并且边跑边想，我的房子这么小，土地这么少，哪有时间和精力去生气呀？一想到这里，我心中的怨气就消失得无影无踪了。于是，我放下包袱，努力学习和工作，力争把房子再弄大点，土地扩宽点。"

后来，爱地巴成了当地数一数二的富翁，拥有数栋别墅和大片土地。尽管没有了经济上的烦恼，但有时还是难免遇到不开心的事，这时，他仍然喜欢绕着自家的房屋和土地跑三圈，并且边跑边想，我拥有这么大的房子，这么多的土地，何必还要跟他们计较呢？一想到这里，他心中的怨气就消失得无影无踪。因此，他每天都是快快乐乐的。

（引自：周礼《总有一片土地适合自己生长》，江西教育出版社，2017。有删改）

# 十七、学会与焦虑相处

喜怒哀乐之未发，谓之中；发而皆中节，谓之和。中也者，天下之大本也；和也者，天下之达道也。致中和，天地位焉，万物育焉。

——《中庸》

过犹不及。 ——孔子

知止而后有定，定而后能静，静而后能安，安而后能虑，虑而后能得。 ——《大学》

## 我想赶走焦虑

我平时成绩很好，但一到考试的前几天，就心神不宁，想看书却看不进去。特别是每门考试开始时，一拿到试卷就感到心慌，想上厕所，但每次上厕所又没有什么“实质性”的内容。我常常暗示自己：不要紧张，不要紧张，但没有用。

临近考试，不少同学会出现紧张、心慌、出汗、头晕、头痛等症状，一些同学怀疑自己得了考试焦虑症。尤其是那些平时学得好，而一到考试就考差的同学，更希望将焦虑赶走，结果，越想远离焦虑，焦虑越严重。

该怎么办呢？

图 24 学会与焦虑相处（绘制人：陈李霞）

## 了解你的焦虑程度

这是一份考试焦虑程序测试表，请根据自己最近一周的实际情况回答以下问题。（“很符合”填 A，“比较符合”填 B，“较不符合”填 C，“很不符合”填 D）

（ ）1. 在重要考试的前几天，我就坐立不安了。

（ ）2. 临近考试时，我就会腹泻。

（ ）3. 一想到考试即将来临，身体就会发僵。

（ ）4. 在考试前，我总感到苦恼。

(　　) 5. 在考试前，我感到烦躁，脾气变坏。

(　　) 6. 在紧张的温课期间，我常会想：这次考试要是分数不理想怎么办？

(　　) 7. 越临近考试，我的注意力越难集中。

(　　) 8. 一想到就要考试了，参加任何文娱活动都感到没劲。

(　　) 9. 在考试前，我总预感到这次考试将要考砸。

(　　) 10. 在考试前，我常做关于考试的梦。

(　　) 11. 到了考试那天，我就不安起来。

(　　) 12. 当听到考试的铃声响起时，我的心跳立马变得急促起来。

(　　) 13. 遇到重要的考试，我的脑子就变得比平时迟钝。

(　　) 14. 考试题目越多、越难，我越感到不安。

(　　) 15. 在考试中，我的手会变得冰凉。

(　　) 16. 在考试时，我感到十分紧张。

(　　) 17. 一遇到很难的考试，我就担心自己会不及格。

(　　) 18. 在紧张的考试中，我却会想些与考试无关的事情，注意力集中不起来。

(　　) 19. 在考试时，我会紧张得连平时背得滚瓜烂熟的知识也忘得一干二净。

(　　) 20. 在考试中，我会沉浸在空想之中，一时忘了自己是在考试。

(　　) 21. 在考试过程中，我想上厕所的次数比平时多些。

(　　) 22. 考试时，即使不热，我也会浑身出汗。

(　　) 23. 在进行重要的考试时，我的头就会痛起来。

(　　) 24. 发现剩下的时间来不及做完全部考题时，我会急得手足无措、浑身大汗。

(　　) 25. 考试时，我会紧张得手发僵或发抖，写字不流畅。

(　　) 26. 考试时，我经常会看错题目。

(　　) 27. 我担心如果我考得太差，家长或老师会严厉地指责我。

(　　) 28. 在考试后，发现自己会做的题没有答对时，就十分生自己的气。

(　　) 29. 有几次在重要的考试之后，我腹泻了。

(　　) 30. 我对考试十分厌烦。

(　　) 31. 只要考试不记成绩，我就会喜欢考试。

(　　) 32. 考试不应当在像现在这样紧张的状态下进行。

(　　) 33. 不进行考试，我能学到更多的知识。

计分方法：总分＝3×选A的次数＋2×选B的次数＋选C的次数＋0×选D的次数

做完测试后请对照表 11 的解释看看，你的状况如何呢？

表 11 焦虑程度测试结果解释表

| 得分 | 焦虑程度 | 结果解释（仅作参考） |
| --- | --- | --- |
| 0~24 分 | 镇定水平 | 说明你一般能以较轻松的态度对待考试。若分值很低，说明你对考试毫不在乎，不利于激发出你的潜能 |
| 25~49 分 | 轻度焦虑 | 说明你面临考试时有点惶恐不安，但仍属正常范围。轻度焦虑有助于考试成绩的提高 |
| 50~74 分 | 中度焦虑 | 说明你面临考试时心情过于激动，焦虑过高，难以考出实际水平，并会损害健康 |
| 75~99 分 | 重度焦虑 | 说明你患有“考试焦虑症”，每逢考试来临便会不由自主地产生莫名其妙的恐惧感，考试时，往往会产生“怯场”现象，严重影响水平的正常发挥，对身心健康很不利，应该通过心理咨询与心理治疗，减轻焦虑程度 |

## 学会与焦虑相处

焦虑远不像我们想象的那么可怕，我们完全可以与焦虑和平相处。

### 1. 正确认识焦虑——它并非全无益处

有人说，没有焦虑的生活和没有恐惧的生活一样，并不是我们真正需要的。这就是说，一定程度的焦虑是有用的和可取的，甚至是必要的。确实，焦虑是对生活持冷漠态度的对抗剂，是自我满足而停滞不前的预防针，它促进个人的社会化和对文化的认同，推动着人格的发展。面对像高考这样的重要考试时，出现紧张和焦虑情绪很正常。在考前一点儿都不焦虑反而不好，适度的焦虑有助于唤起大脑皮层的兴奋水平，帮助我们提高反应速度。

心理学家研究发现，焦虑程度和作业效率之间的关系可用一条倒“U”形的曲线来表示，这条曲线被称为“耶克斯－多德森曲线”（见图 25）。一般情况下，低焦虑无助于潜力的激发，而高焦虑会抑制大脑皮层的活动，使人反应变慢。中等程度的焦虑最容易激发人的潜能，从而发挥出最佳水平，完成任务。

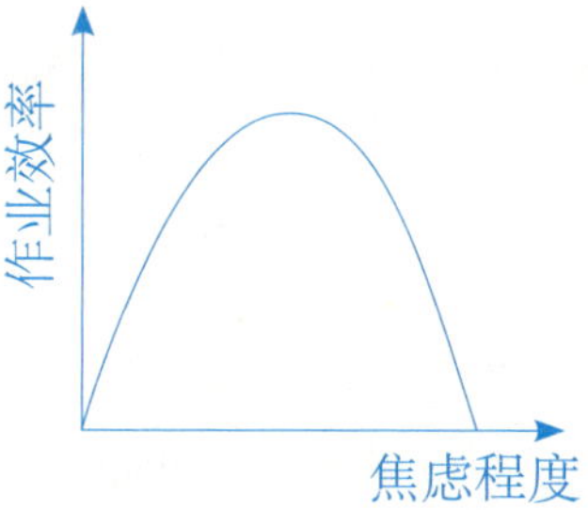


图 25 耶克斯－多德森曲线

### 2. 过于焦虑如何调节

一是调整认知，即改变自己的想法。

面对同样的高考，人们的焦虑程度却有很大的不同，状态也有很大的不同，为什么？因为“影响你的也许并不是高考这件事本身，而是你对这件事情的态度”。把考试看得太重，焦虑程度自然比较高。

有位同学高考超水平发挥，他在给学弟学妹们做学习经验交流时坦言：“刚开始，我也很紧张，但后来把眼光放远一点看，发现高考虽然重要，但不是人生的最后一站。即使这次没考上一流学校，但我以后还有机会考一流学校的研究生。重要的是我尽了最大努力，我就问心无愧了。这样一想，我发现自己镇定了许多，能看进书了。所以，高考时我虽然有些紧张，但并没有影响我的发挥。”

你也不妨学学他，换个角度，把眼光放远一点，将焦虑程度调到最佳水平。

二是调整行为，即通过调整比较容易改变的行为，进而调整难以调节的焦虑情绪。

很多时候我们不是因为开心而笑，而是因为笑而开心。同理，人在焦虑的时候会有一些生理反应，我们可以通过调整自己的生理状态进而反过来调节焦虑情绪。你可以尝试下面的方法：

（1）深呼吸，即双眼微闭，用鼻子深深地吸一口气，让气流到达腹部和小腹部，憋住三秒钟，而后再慢慢呼出来。反复做三次。

（2）微笑，每天对着镜子笑三分钟，坚持一百八十秒，你会有新的感受。

（3）积极参加体育锻炼，比如慢跑、打篮球等，出一身汗，洗个热水澡，会顿觉浑身轻松许多，而后再投入学习。

### 3. 顺其自然，为所当为

焦虑只是一种信号，是带着信息来与我们沟通的。焦虑的情绪是送信人，这封信来自人的内心，如果我们好好收下这封信，理解并应对好这封信，送信人就会离开；相反，如果我们关上门，他就会一次次地不请自来，一次次地敲门、甚至撞门。

有人说，接纳就是天堂。接纳焦虑的存在，告诉自己：“焦虑来袭，我仍可做我该做的事，我能与焦虑和睦相处。”若你试图压抑或赶走它，它反而会变得更严重。比如一个运动的皮球，要让它静下来，是不管它，还是使劲去拍它呢？答案不言而喻。如果再拍它，就是不断给它能量，它的能量就会越来越强。所以，顺其自然，为所当为，学会与焦虑相处。立即动手做该做的事，行动是医治焦虑的良医，做着做着，你会发现焦虑“乖乖”地自动调整为了最佳状态。

如果以上方法你都试过了，效果不好，可向学校的心理咨询师求助。记住，学会向人求助也是心理健康、负责任、有智慧的表现哦！

## 拓展阅读

### 学会与焦虑共处

钟志农

焦虑不安的人和自信十足的人会以不同的方式看待同样的事情，并且会从他们的言谈和思想中反映出来。焦虑者往往存在着重大的认知曲解，这些认知曲解是让当事人痛苦的真正原因。不仅如此，当事人的那种忧虑重重的思维方式还很容易变成习惯性思维和习惯性行为，而且自己往往不易察觉。艾利斯早就说过，人天生就有歪曲现实的倾向。但是，人也能够接受理性，改变自己的不合理思考和自我挫败行为。由于焦虑情绪来自思考，所以，改变焦虑情绪或失控的行为应从改变思考入手。

焦虑的当事人在思考过程中常见的一些歪曲现实和自我挫败的负性信念往往包括——

我无能 我不适当 我陷入困境

我失控 我不胜任 我是失败者

我可怜 我无力量 我易受伤害

我没有用 我不如别人

我软弱 我学业成绩不够好

上面所列的这些曲解的负性信念是通过消极的语句形式来传递的，它们反复地出现在当事人的脑海中，一旦与外界的现实世界发生激烈冲突时，就会造成认知的失衡，并产生压力、紧张、焦虑和痛苦，这种痛苦有时具有非常巨大的力量，甚至会导致一个人的毁灭。所以，消极语言的危害不可等闲视之。

我们可以采用“自助对话”的方式来应对焦虑：

“当紧张和害怕来临时，暂停一下。用 0~10 给紧张和恐惧打分，观察一下自己的变化。哦，我现在大概是 7 分。好，不必试图完全消除紧张情绪，只要让它稍稍降低、保持在一个适当的限度里就可以了！”

“面对考试的挑战，有些紧张是正常的。它提醒我要妥善地面对考试中的每一道题目。这种紧张是我发挥自己水平的助手！稍稍放松一下，哦，我的情况得到了控制和改善。慢慢来，深呼吸一下，很好，就这样继续。”

“我可以通过放松肌肉来缓解紧张。现在专注于呼吸，呼吸深一些、慢一些，就像这样。注意呼气 4 秒钟，再吸气 4 秒钟，很好，就这样！我的肌肉现在开始放松了。”

“有效果了！我成功了！等一下我要把这件事告诉我的好朋友。考试并没有我想象的那么可怕，我对我的状态很满意！”

总之，语言可以塑造思考，思考也会塑造语言。采用积极的自我思考，能帮助我们与焦虑和平相处。

（引自：《思想·理论·教育》2006 年第 8 期。有删改）

# 青春期心理篇

青春期是童年期向成人期的过渡，是人生中的黄金时段，也是多事之秋。步入青春期，随着第二性征的出现，一个个变化正悄无声息地发生着：你开始关注自己的外表，但更关注自己的内心；你的情绪起伏不定，心里悄悄住着一个令自己怦然心动的人；父母认为你还很幼稚，而你却试图以所谓的成熟挣脱师长的管束……青春期被心理学家霍尔称为“疾风骤雨期”，你能顺利度过吗？愿冷静与理智助你火热的青春绽放出更绚丽的光彩！

# 十八、青春的秘密

关关雎鸠，在河之洲。窈窕淑女，君子好逑。——《诗经》

君子有三戒：少之时，血气未定，戒之在色；及其壮也，血气方刚，戒之在斗；及其老也，血气既衰，戒之在得。——孔子

青春是美妙的，挥霍青春就是犯罪。——萧伯纳

一个年轻人，心情冷静下来时，头脑会变得健全。——巴尔扎克

## 考考你

请根据你了解的有关青春期生理变化的知识，将正确选项的序号填在题目后面的括号中。

一般而言，男生进入青春期后身体发生的显著变化主要表现为：(　　　)

一般而言，女生进入青春期后身体发生的显著变化主要表现为：(　　　)

①长出胡须　②乳房隆起　③喉结突出　④出现遗精　⑤声音变细

⑥阴茎增长变粗　⑦出现月经　⑧睾丸（阴囊）增大　⑨声音变粗

⑩长出阴毛和腋毛　⑪身高、体重快速增长　⑫长青春痘　⑬臀部变宽

## 什么是青春期

青春期是个体生命发展历程中极其重要的一个阶段，在此阶段个体开始由儿童走向成人，并逐渐成为社会中一个成熟独立的个体。世界卫生组织（WTO）将青春期的年龄范围界定在10~20岁之间。我国根据青少年的身心发育实际，一般将青春期的年龄范围界定在11~18岁之间。一般而言，女生比男生早1~2年进入青春期，大多数女生的青春期开始于10~11岁，大多数男生的青春期开始于11~12岁。

进入青春期，无论男生还是女生，身体和心理都会发生巨大的变化。美国著名发展心理学家霍尔将青春期比喻为人生航程中的“疾风骤雨期”。如果我们能对青春期有更多的了解和准备，我们便更有可能平稳、安全、快乐地度过青春期。所以，让我们一起来解密青春期的身心发展变化，为快乐而充实的青春生涯做准备吧！

## 青春期的生理变化

### 1. 身体外形的变化

青春期是继婴儿期（0~1 岁之间）之后，我们身体生长发育最快的第二个时期。进入青春期，身高、体重、胸围、头围、肩宽、盆骨、肌肉等都迅速增长，仿佛一夜之间我们就长高变大了。在青春期，我们的身高平均每年会增加 7~10 厘米，体重平均每年要增加 3~5 千克。除了这些变化之外，还会出现一些与性别特征有关的变化（第二性征），比如男生喉结突出、声音变粗、长出胡须等；女生乳房隆起、臀部变宽、声音变细等。这些变化让我们看起来越来越像真正的男人或是女人。

### 2. 内部器官功能逐渐完善

进入青春期，我们体内的各种器官、组织的功能逐渐完善，基本达到成年人的标准。进入青春期，肺的发育进入了旺盛期，10 岁时肺活量只有 1400 毫升左右，到 13 岁就增加到 2750~3000 毫升。在青春期，心脏由于心肌的不断加厚而迅速增长，心肌收缩不断增强，血压和脉搏逐渐接近成人水平。进入青春期，大脑的容积虽然变化不大，但其内部结构和功能却不断分化、发展和完善。大脑对人体的调节能力大大增强，分析、理解、判断能力以及问题解决能力都迅速提高。

### 3. 生殖器官发育迅速

进入青春期，随着性激素的分泌增多，生殖器官开始迅速发育。我们将生殖器官的特征称作“第一性征”，如女性的卵巢、子宫和阴道等，男性的睾丸和阴茎等。青少年生殖系统开始走向成熟的标志主要表现为：女生首次出现月经，男生首次出现遗精现象。此时的青少年已经具有了繁衍下一代的性能力。

“考考你”答案：男生（①③④⑥⑧⑨⑩⑪⑫）、女生（②⑤⑦⑩⑪⑫⑬）

图 26 青春的秘密（绘制人：陈李霞）

## 青春期的心理发展及应对

### 1. 性意识的觉醒

伴随着生理发育的成熟，青春期的少男少女开始从异性疏远期进入到相互吸引的阶段。正如德国作家歌德在其作品《维特与绿蒂》中提到的："青年男子谁个不善钟情？妙龄女人谁个不善怀春？"进入青春期，钟情怀春的时刻已然来到。

少男少女会对异性产生好感，会有怦然心动的感觉，这是一件很自然、正常的事情。要知道，在你的生命中，如果出现一个让你魂牵梦萦、牵挂不断的异性，这是一件值得你和家人高兴、庆祝的事情。一是说明你生理发育正常；二是说明你性心理发展正常。喜欢上一个人，这是一种幸福的烦恼、快乐的忧愁，你要学会接纳心中的这份情感。

对异性产生了好感怎么办？

有好感，会心动，这很自然正常。老师、家长可以理解，你自己也得学会接纳。但这并不意味着，我们就可以开始恋爱，甚至是出现性行为了。

### 2. 独立意识增强

进入青春期，青少年们独立自主的意识更加强烈，他们希望能够摆脱父母的限制与管束，希望父母、老师能以对待成人的方式与他们相处。于是，他们和父母的摩擦不断，叛逆成了父母们描述他们的高频词汇。有些青少年还故意和家长、老师对着干，或是离家出走，或是对父母破口大骂，甚至大打出手。更有甚者，叛逆到去追求一些所谓的时髦和刺激，最后误入歧途，和社会上的不良人士混在一起，终日上网、抽烟、喝酒、赌博、吸毒等。

什么是真正的独立？

想要独立是件好事，但真正的独立不是叛逆，是通过学习不断充实自己之后精神上的饱满，是看到父母唠叨之中满怀爱意之后的理解与宽容。

### 3. 情绪起伏不定

很多时候，青少年的情绪体验有如坐过山车一般，起伏不定，体验强烈，具有两极性。情绪如此起伏不定的重要原因之一便是大脑发育的不完善。英国爱丁堡大学的研究报告指出，人的大脑发育成熟大约需要 25 年的时间。也就是说当我们 18 岁时，大脑发育的进度条最多也才加载到 70%。换句话说，当我们 18 岁时，我们的大脑才只有"七分熟"。剩下不太成熟的三成，主要表现在顶叶、额叶以及边缘系统发育的滞后性上。这些发育迟缓的部分，与情绪控制和调节能力息息相关。

情绪起伏不定怎么办？

青少年情绪的起伏虽然与大脑发育不够完善有关，但其实我们也可以通过学习一些有用的调节方法来控制自己的情绪。当我们陷入负性情绪无法自拔时，需要及时采取一些积极的措施调控情绪，比如向朋友倾诉、参加体育运动、转移注意力等。

### 4. 行为容易冲动

法国作家巴尔扎克曾说："一个年轻人，冷静下来时，头脑会变得健全。"这句话道出了青少年又一重要的心理特点，即易冲动性。对冲动的控制能力较低，这其实也与大脑的发育有关。有研究表明，对儿童和青少年来说，像控制冲动这样具有挑战性的执行功能，在一定程度上依赖于复杂大脑区域（如脑前额叶皮层）中的结构功能连接的长期发展。

如何避免冲动？

在青春期，要学会给自己的脾气浇冷水，特别是在和他人发生冲突时，主动离开让你愤怒的情景，避免因为一时冲动做出让自己后悔终生的行为。

## 如何缓解性冲动

现代社会，虽然青少年性成熟年龄不断提前，但学习的年限却不断延长，结婚的年龄也一再拖后，使得我们要经历相当长的所谓的性等待期，而当前各种媒体、电视、网络、影视作品中充斥着各种各样情情爱爱的内容。在此期间，如果积聚的有关性的欲望和压力得不到正确、恰当的释放、宣泄，便可能出现不良的后果。如何通过正确、恰当、无害的方式来缓解性冲动和压抑，值得大家一起探讨。

### 1. 正确看待自慰

自慰是动物的本能，在动物身上非常普遍，包括人类自己。《金赛性学报告》中提到，92% 的男性和 58% 的女性在一生中都曾数次以自慰的方式达到高潮。著名性学家李银河女士在《性是人类最深刻的欲望》一文中写道："人的性欲是人与生俱来的一种欲望、一种能力，它深深地扎根于人性之中，所有对它的否定、对它的压抑，都是没有道理的。"因此，自慰是一种正常的私密性行为，对待自慰我们应该抱以接纳、理解的态度。自慰的损害主要来源于该行为所伴随的空虚感和负罪感。

虽说可以理解和接纳自慰现象，但作为人类，我们毕竟不像动物那样，有了欲望就寻求立即满足。人类的自慰必须是在适度、安全、无害、私密的前提之下进行的，没有这些前提条件，我们和动物又有什么区别呢？对于我们青少年而言，更是应该自觉地将有关性的欲望通过健康的方式进行转移、升华。

### 2. 异性正常交往

男女之间越是蒙上神秘的面纱，就越是激发人们强烈探究的欲望。因此，去了解异性、认识异性，和他们一起参加活动，一起完成挑战，走近彼此，真诚交流，用心沟通，才能揭开异性之间的神秘面纱，做到大方、自然地交往。

### 3. 加强体育锻炼

再强烈的性欲也抵不过跑完五千米后的成就感与疲惫感。用汗水来宣泄性能量是一种健康有益的方式。如果你因为被压抑的欲望而烦躁不安，那不妨来一次酣畅淋漓的运动吧！

## 交往有分寸，千万别越界

如果你已经情不自禁地陷入了恋爱的漩涡，那请一定把握好分寸，坚守住底线。这个底线就是：别发生性行为。要知道，过早发生性行为会带来很多的危害，无论对于男生还是女生。

短时间内，你可能会觉得这是人间最美好的体验，以至于你想时刻拥有。于是，课堂上你再也无法静心听课，你满脑子都是那些欢愉的瞬间。长远来看，可能会带来诸多潜在的问题。首先，会破坏你们之间的关系。也许你会疑惑，这难道不是加深双方情感的方式吗？要知道，当神秘的面纱被揭开之后，你们双方可能会很快厌倦彼此。其次，不安全的性行为可能导致意外怀孕。可能你会说，处理意外怀孕还不简单吗，打掉不就好了吗。可你是否想过，即使打掉身体上的胚胎，也抹不掉内心的痛苦。又或许，一次意外怀孕，就能让你看到对方懦弱乃至丑陋的内心；一次不太成功的手术，让你永远失去做妈妈的资格。试想，如果发生这些，你将如何面对你将来的终身伴侣？

退一万步讲，如果你们之间的情感发展超出了理性的限制，无法自已，请一定做好安全措施！

## 拓展阅读

### 不，不要说

汪国真

不，不要说，
让我们依然保持沉默，
我多么珍惜，
这天真的羞涩，

你也应保持那青春的活泼。
我们的肩膀，
都还稚嫩，
扛不起太多的责任。
等一等吧，
等你的肩膀更厚实些，
我也懂得了，
什么是成熟的思索。

# 十九、做一名受欢迎的男生女生

文质彬彬，然后君子。——孔子
女人的纯正饰物是美德，不是服装。—— 苏格拉底
气质美如兰，才华馥比仙。——《红楼梦》
美只愉悦眼睛，而气质的优雅使心灵入迷。—— 伏尔泰
真正的男人力量应该是带有温柔色彩的刚毅。——基・瓦西列

## 青春期的困惑

小芳最近很疑惑："以前不爱打扮的我，现在总想打扮得漂漂亮亮的；以前不爱表现的我，现在总想得到他的注意与欣赏；从前喜欢跟好友们疯疯癫癫地打闹的我，遇到他后就默默地变得文静起来；从前不爱八卦的我，现在只要有关他的信息，就特别感兴趣。我这是怎么了？"

小林父母抱怨："以前我们买什么你穿什么，怎么现在越来越挑剔了？你要是把打扮的时间花在学习上，成绩也不至于直线下滑！还有，为什么你只有在女生面前才斯斯文文的？"

新转来的男生小文发现，最近同学们好像在悄悄议论自己："他怎么一天到晚女兮兮的，说话娘娘腔？"小文有点烦，也很疑惑："我一直都是这样说话的啊，家里人、以前的同学也没说我什么啊！"

你在自己或别人身上发现过这些现象吗？

---

## 青春期的性心理发展特点

事实上，进入青春期，我们会越来越关注自己的外貌，关注自己在异性心目中的印象，会特别希望自己是一个受异性欢迎的人。有的同学既关注异性的举止神态，希望得到异性的青睐，又把这种愿望埋在心底，表现出拘谨与淡漠、矜持与羞怯。这些，都与青春期的性心理发展有关系。若对此有一定了解，将帮助我们减少性心理变化带来的困惑，成长为一名受欢迎的男生或女生。

### 1. 性意识的觉醒

性意识的觉醒是指进入青春期后，伴随第二性征的出现，青少年开始意识

到自己的性别以及两性之间的区别与联系，这是青春期的典型心理特点。随着性意识的觉醒，同学们的兴趣、爱好、行为方式等个性心理特征也会发生相应的变化。青少年的性意识随着年龄的增长进一步发展，从青春发育期新产生的对异性的关注、好奇开始，直到具备结婚的性意识为止，这一发展过程具有一定的阶段性。

### 2. 性心理发展的阶段性

心理学家将男女生对于异性的交往心理需求分为四个阶段，即抵触期、好感期、迷恋期、爱恋期，并且在好感期后，需求逐渐强烈。

在好感期阶段，主要表现在他们开始关注异性，学会用欣赏的眼光和包容的态度去对待对方的缺点；与朋友在背后谈论和评价异性的话题越来越多；希望和异性一起学习、玩耍和交流。在迷恋期，主要表现为想和异性在一起，甚至觉得和异性相处会有一种令人愉悦和新奇的感觉；男女生总是使出浑身解数，以不同的形式把最好的一面展现在异性面前，以吸引对方的关注。比如，男生开始注意外表，也喜欢在女生面前展示自己的长处；女生也开始学会打扮自己，希望把最美的一面展示给男生看，想以高大上的品质来吸引对方以博得好感。在爱恋期，男女生还会渴望一些更亲密的行为。

### 3. 性心理的不稳定性

性心理的不稳定性主要出现在迷恋期。一方面，处于迷恋期的男女生通常还没有稳定的迷恋对象，他们容易对老师、家长、明星等产生憧憬和爱慕之情，因为欣赏他们的外貌、学识而把他们理想化。例如，有人说："如果易烊千玺是我的男朋友就好了！"有人说："将来我要找一个像我老师这样的女朋友。"另一方面，表现为性心理的反向行为，又可以叫作"文饰性"，即男女生的心理活动和外在表现不一致。有些男女生十分重视自己在异性心目中的印象和评价，却含而不露；明明内心喜欢某一异性，但表面上却有意无意地显得不屑一顾或故意回避，甚至会做出一些让异性反感的事情。

## 做一名受欢迎的男生女生

你是否听过《我是女生》这首歌呢？"我是女生，漂亮的女生；我是女生，爱哭的女生；我是女生，奇怪的女生……"这首歌是女生对自己的总体评价。那么，男生最欣赏什么样的女生？女生又欣赏什么样的男生呢？

同学们可以在老师的组织下，通过以下练习和交流，了解同学心目中受欢迎和不受欢迎的男生或女生具有哪些特点。

我欣赏的女生的行为特征有：________________________________

我讨厌的女生的行为特征有：________________

我认为女生欣赏的男生的行为特征有：________________

我认为女生讨厌的男生的行为特征有：________________

我欣赏的男生的行为特征有：________________

我讨厌的男生的行为特征有：________________

我认为男生欣赏的女生的行为特征有：________________

我认为男生讨厌的女生的行为特征有：________________

以下是《少男少女》杂志从全国6万份调查表中得出的结论，你可以将之与班上的统计结果融合在一起，作为自己的一面“镜子”。

### 1. 最让男生欣赏的女生的行为特征

脸上经常有微笑，温柔大方；活泼而不疯癫，稳重而不呆板；清纯秀丽，笑容甜美；心直口快，朴素善良，随和；聪颖，善解人意；纯真不做作，有个性；能听取别人的意见，自己又有主见；坦然、充满信心，有朝气；不和男生打架；长头发，大眼睛，说话斯文。

最有魅力的女生的十条优点：刚强、温柔、善良、热情、聪颖、自信、开朗、勤奋、有正义感、善解人意。

图27 做一名受欢迎的女生（绘制人：陈李霞）

### 2. 最令男生讨厌的女生的行为特征

扮老成，一副老谋深算的样子；长舌头，对小道消息津津乐道；自以为是，骄傲自大；啰啰唆唆，做事慢腾腾；小心眼，爱大惊小怪；疯疯癫癫，不懂自重自爱；总喜欢和男生找茬吵架；容易悲观，动不动就流眼泪；把打扮和传播别人的小事当“正业”；自以为“大姐大”，笑起来像鬼叫一样。

### 3. 最受女生欢迎的男生的行为特征

大胆、勇敢，幽默、诙谐；思维敏捷，善于变通；好学上进；团结同学，重友情；集体荣誉感强；有主见；热心助人；有强烈的进取心；勇于承担责任，有魄力。

最有魅力的男生的十条优点：刚强、善良、勤奋、幽默、魁伟、自信、开朗、潇洒、有正义感、责任心强。

### 4. 最令女生讨厌的男生的行为特征

满口粗言滥语；吹牛皮；小气，心胸狭窄；粗心大意；过于贪玩；喜欢花钱；小小成功便沾沾自喜；有时过于随便，得过且过；遇突发事件易鲁莽冲动；不做家务。

## 拓展阅读

### 有什么样的内心就有什么样的世界

2015 年 12 月 1 日，脸书创始人扎克伯格在喜获千金马克丝（Max）时宣布，拿出 99% 的脸书股份做慈善事业。他成立了一家以自己及太太的姓氏为名的公司“Chan Zuckerberg”，旨在提倡平等及保护儿童权益。很多网友怀疑扎克伯格的这种行为是在避税，对此，扎克伯格做出了回应——

“我前些天当了父亲，全世界的朋友都祝福我和我们一家，我很感动。可是也有很多中国朋友表示怀疑，主要是两个问题：第一，我为什么娶了个丑女；第二，我捐了 450 亿美元是不是在避税。我现在来回答这两个问题。

“第一个问题，我为什么娶了个丑女。我先谈谈什么是美女，什么是丑女。

“我有大把的机会见到各种美女，可是那些所谓的美女，心是玻璃心，有公主病，还有傲娇症。这样的女人就算外表美丽，但心灵是丑陋的，灵魂是肮脏的。而且，外表的美会随着年龄的增长而贬值，内在的美会随着岁月增值。这一点，华尔街所有的经济学家都懂得，所以我和他们一样，不会去碰那些会迅速贬值的东西。

“容颜是心灵的写照，我太太的笑容永远是清丽温和的。自从怀孕之后，她也完全没有在意自己的容貌因为怀孕而产生的变化，依然是朴素的穿着。我爱她的真实质朴，我爱她的善良勇敢，我爱她的全部。和她在一起，我感觉很舒适、很自在、很放松。

“我也完全不认为她是高攀我。她除了情商高，智商也很高。她是哈佛医学院毕业的，要说高攀，那只能是我高攀她！婚姻是一双鞋子，合不合脚只有穿的人知道。所以，你们看她是丑女，我看她是美女，而且是最适合我的美女！

“再说说是不是在避税的问题。我们捐出的钱折合人民币大概是2800亿，这只是市值，实际上有可能更多，也有可能变少，这都是由市场决定的。我们捐出的这笔钱是用于创建一个基金，投资教育和医疗事业。我们在孩子出生前就去参观医院，希望为医疗事业奉献自己的力量。随着医疗技术的加速发展，我们真的有希望在未来100年预防、治疗或者遏制几乎所有的疾病。

“在硅谷，‘改变世界’这句话不仅是一个口号，它更是一种信仰和力量。我们的梦想就是，通过我们的努力去改善教育、改善医疗，连接世界、回馈社会，乃至改变世界，建设一个对所有人而言都更加美好的世界。

“还有我买了很多件一模一样的灰色短袖T恤，我想让我的生活尽可能变得简单，不用为做太多决定而费神。我有3辆车都很便宜，我觉得，车就是一个代步工具，没必要花那么多钱。我浑身上下也没有名牌，我觉得舒适就好，为什么需要用奢侈品来点缀自己呢？要说奢侈品，自己的头脑、情感才是。”

有什么样的内心就有什么样的世界，请相信世界是美好的，如果你不相信，那么你就无法拥有美好的世界，无法拥有美好的人生。

（节选自：读者丛书编辑组《中国，为世界添精彩》，甘肃人民出版社，2018。有删改）

扎克伯格和他太太有哪些品质吸引了对方？你得到了什么启发呢？

# 二十、当危险来敲门——青春期的自我保护

安而不忘危。——《易经》

君子以思患而豫防之。——《易经》

害人之心不可有，防人之心不可无。——俗语

活着就有希望。——斯蒂芬·霍金

## 识别危险，保护自己

（一）

小允无聊时，喜欢上网聊天，在网上认识了不少朋友。聊久了，她发现网友M竟是同市某高校的大学生。M提出见面，但小允担心有危险，就没同意。

期末考试成绩揭晓，小允名次下滑，情绪低落，上网时向M倾诉，M的安慰让她觉得很温暖。之后两人相约在学校附近的水吧见面，见M帅气又体贴，小允对M颇有好感。

暑假，M约她出去逛书店、逛公园、唱歌，渐渐地，他们确立了恋爱关系。一天，她看不进书，觉得很无聊，就约M出去唱歌，还喝了点酒。晕晕乎乎中，小允被M带到附近的宾馆开了房。醒来时，她发现自己全身赤裸，旁边躺着M。这一刻，她清醒了，痛骂M强暴了她。但M说她昨晚并没有反抗，而且他们是恋爱关系，对强暴一事予以否认。

学习上的不如意、男友的狡辩、对父母的愧疚、对自己的自责让小允精神恍惚，每天生活在担忧、恐惧和后悔中。

（二）

放假了，妈妈带小文到舅舅家玩。舅舅家不宽敞，小文被安排和舅舅住一间屋。小文提出抗议，但妈妈认为他们都是男的，没有什么不合适，小文只得同意。半夜，小文觉得有人在摸他，是舅舅！小时候舅舅抱他时就爱动手动脚，他觉得有些不自在，但想到他是妈妈的亲弟弟，也不是坏人，而且舅舅对他们一家也很照顾，就没敢跟妈妈讲。现在舅舅半夜摸他，他觉得很不舒服。想起上学期的防性侵课，小文觉得舅舅的行为属于性侵，但他不知道该怎么办；他想跟妈妈讲，又很犹豫……

读完上面两个案例，你觉得小允和小文该怎么办？

如果时光可以倒流，他们应该怎么做才能保护好自己？

## 预知是为了预防

我们都希望能生活在纯真美好的世界里，但真实世界并非如此。世界卫生组织《2014年全球预防暴力状况报告》指出，全球范围内有20%的女性、8%的男性在18岁之前受到过性侵犯。来自中国少年儿童文化艺术基金会女童保护基金的数据显示，2018年被曝光的儿童（小于18岁）性侵案件达到317例，受害儿童超过750人，最小的年仅3岁。学会自我保护，需要了解一些安全常识。

### 1. 什么是隐私处

隐私处是指所有性器官，包括生殖器官、胸部、臀部、嘴等。这些地方，不经过你的同意，谁都不可以碰。隐私处是不允许别人侵犯的，一旦这些部位被碰或你感到不舒服，要勇敢说出“我不喜欢你碰我！”。

### 2. 什么是“坏碰触”

凡是让你觉得不知所措、害怕、不舒服的触碰，都是“坏碰触”，你都可以拒绝，不管这个人是不是认识的。

### 3. 面对“坏碰触”，怎么办？

面对“坏触碰”可以做3件事：说“不”、离开以及告诉可以帮助自己的人（通常是父母）。

（1）说“不”：用坚定的语言表明态度，拒绝触碰，如：“我不喜欢你这样碰我”“不要这样碰我”。

（2）离开：离开施害者，到一个安全的地方去。

（3）告诉可以帮助自己的人：比如父母等值得信赖和依靠的人，告诉他们你遭遇了什么，请求帮助，及时中断侵害。

### 4. 什么是性侵害

性侵害是指一切通过武力、欺骗、讨好、物质诱惑或者其他方式，把儿童引向性接触以求达到侵害者性满足的行为。

性侵害包括非身体接触的性侵害和身体接触的性侵害。非身体接触的性侵害是指侵犯者只是向儿童暴露自己的隐私部位，对儿童进行性挑逗，强迫儿童看色情影像等。身体接触的性侵害是指侵犯者触摸或者抚弄儿童身体敏感部位、试图与儿童性交和强行与儿童发生性行为等。

### 5. 远离危险，防范最重要

一个晴空万里，艳阳高照的日子，教练带同学们到某著名景区游览。玩了不到一个小时，同学们个个头冒汗珠。晓然站到树荫下准备脱衣服，这时教练走到她面前关心地问：“晓然，是不是热了，想脱衣服啊？我来帮你吧！”晓然看了看这个和蔼的男教练，摇了摇头，开始自己脱上衣。可是，她脱了两次都没有脱下，教练说：“你这孩子，还挺拧的。我帮你！”教练不容分说就迅速帮她脱下上衣，接着又准备帮她脱绒裤。晓然觉得有些不舒服，但不知道该怎么拒绝。

在上面的故事中，晓然可以对教练说：“我自己能行，你帮别人去吧！”说的同时，最好叫上同行的其他女同学帮助自己脱下绒裤。

虽然我们无从判断教练在帮晓然脱衣服这件事上有没有“心存不良”，但增强防范意识，拒绝异性接触自己的身体，从主观上就杜绝了性侵犯的发生。

图 28 青春期的自我保护（绘制人：刘子玮）

## 当危险来敲门，学会保护自己

无论是对于男生还是女生来说，学会保护自己，是一生的课题。当危险来敲门时，要学会保护自己。

### 1. 与熟人相处时

从女童保护相关组织近几年发布的报告来看，熟人作案的比例非常高，2014 年达到 87.87%，2018 年为 66.25%。

犯罪心理学上有个“警惕性公式”，它指的是面对越熟悉、越信任的人，人们的警惕性越低。

害人之心不可有，防人之心不可无，对于熟人，比如妈妈的朋友、家中的男性亲戚、同学的哥哥和熟识的社区工作人员等，不管对方看上去如何友善，也不能随意与之独处，以防发生意外。

和异性尤其是熟悉的异性，在房间、教室、汽车等封闭空间内相处时，一定要牢记“独处不超过 30 分钟”的原则。只要感觉对方在动作、言语上有出格的地方，就应该及时脱身。如果已经了解到对方性格孤僻、怪异等，则更应当心。

### 2. 发现被跟踪时

著名安全教育专家、中国人民公安大学王大伟教授建议可以尝试下面的“发现尾随术”：怀疑被尾随，可以走到马路对面去，如果对方不跟过来就基本判断没有危险；如果对方跟过来，可以再次走到马路对面，对方又跟过来了，这时就可能处在危险中了。如果有车停在面前威胁你，应沿车头相反方向奔跑，并放声大叫。

当你感到紧张、危险时，不要抱有侥幸心理，要立马向人多的地方，如商店、电影院等地方跑，千万别向小胡同等人少的地方跑，很可能被罪犯堵住。

不要同家长以外的人一起进入下述的场所：比如无人的家中、放学后没有其他人在场的教室或办公室、宾馆、酒店包间、空旷的车厢或者其他密闭空间。如果发现有人试图带自己进入这样的空间，一定要及早觉察并快速逃离。

### 3. 有人打来骚扰电话时

骚扰者会打电话来，想尽各种理由跟你闲聊，如“你怎么忘了我？”“你怎么会不认识我？”等等。他很有可能会一而再，再而三地给你打电话。

遇到这种情况最好不要用激烈的言辞反唇相讥，因为这可能会引起对方的兴奋，应该用严正的语气说：“你打错电话了！”并将对方的电话号码加入黑名单。若对方是个经常骚扰你的陌生人，每次都用不同的号码给你打电话，除了马上挂断电话，不要理他外，还可以告诉他这部电话装有追踪器或录音设备。

最后，要记得告诉父母师长事情的经过。如果对方称要到你家里来，一定要马上报警处理。

### 4. 如何应对网络性骚扰

平时洁身自好，不去有不良信息的网站或不正规的聊天网站。

不要轻易相信网上的交友网站或招聘广告。

不随意结交网友，不轻易和网友见面，更不能单独和网友见面谨防受骗。

如果常受到骚扰可搜集证据，如聊天记录、图片等，向公安局网络信息管理部门举报。

## 若遇到了无法抵抗的性侵犯，先保命

如果不幸遇到了难以抵抗的性侵犯，此时对方确实处于强势，你得静下心来跟对方周旋谈判，争取将伤害程度降到最低。

著名作家刘墉在《当你遇见大野狼——给女儿的一封信》中说：

什么叫保护自己？保护自己就是使自己受到的伤害能减到最小，如果坏人抢你的钱，就把钱给他；要抢你的手表、项链，就自己摘下来给他。

问题是，他如果要强暴你怎么办？

这是一个有各种人的世界，有好人、有坏人，好人可能变成坏人，坏人也可能改邪归正。我们一生更可能遇到各种状况，有幸福、有不幸；有走运的时候，也有倒霉的一刻。当你无可避免地遭遇不幸，只好逆来顺受。

名誉是人的第二生命。但是，第二生命毕竟不是第一生命啊！

留得青山在，不怕没柴烧，青山就是生命，当你能保住一命，就能开创无限的未来。相反地，如果你失去生命，就算把坏人骂够了，也出足了自己的气，又有什么用？

记住，生命是第一位的！

在侵害事件发生后，要寻求生理、心理、法律三方面的援助。

### 1. 生理援助

及时告诉亲人，同时要看医生，看医生前不要洗澡，因为需要取证，留下证据，如毛发、精斑、体液、抓痕等。同时要保护好现场及遗留物。

### 2. 心理援助

要及时寻求心理辅导及必要的干预治疗。

### 3. 法律援助

遭到性侵害后，要果断勇敢地报案，依法追究犯罪嫌疑人的刑责，绝不手软。

## 情境测试

1. 小瑞去朋友家玩，朋友的哥哥忽然走近她，把手伸进她的裤子里，想抚摸她的私处，小瑞大声说不可以，朋友的哥哥随即停手，但告诉她必须要保守秘密。小瑞该怎么做？

2. 你的朋友告诉你，她的一个非常熟悉的人经常挑逗她，触摸她的隐私部位，并让她触摸他的隐私部位。这件事情除了你以外，她没有再告诉其他任何人。此时，你将告诉她什么？你将做些什么？

3. 小明住校，寝室的同学常常在睡前讲一些黄色笑话。最近，他发现室友们在暗自传阅一本黄色小说，他也忍不住看了，兴奋得听不进课。室友 S 约他周末到他家欣赏一部“特刺激”的电影。小明既向往，又害怕。他该怎么做呢？

## 拓展阅读

### 平常如何避免受性侵

1. 不单独去你得不到帮助的地方。

2. 不要独自待在僻静的地方。

3. 外出活动要征得父母的同意。并告诉父母去什么地方、行走路线、活动时间。可能的话，留下同伴的联系电话。

4. 尽可能避免黑夜单独外出。如果有事需要外出，要由父母陪同。

5. 不要轻易相信陌生人，不要接受不十分了解的人的钱或礼物。不要吃不认识的人递过来的食物和饮料。

6. 不要跟不认识的人外出。

7. 不要搭便车，特别是不认识的人。

8. 一个人在家时要把门窗关好。在开门前应问清来人是谁，不要轻易让外人进屋，即使是你比较熟悉的人。

（节选自：唐纯娥《中小学生防性侵教育——守护我们的身体》,《平安校园》2017 年第 9 期。有删改）

# 二十一、学会与异性相处

一到了青春期，人都抱着爱和被爱的急切欲望。——海涅

谁勇敢地经受过青春之火的洗礼，谁就毫不畏惧晚年的严寒冰霜。——兰多

在青春期，友谊也会被拿来反复较量，总少了些儿时的简单与随意。——顾城

爱情的意义在于帮助对方提高，同时也提高自己。——车尔尼雪夫斯基

友谊就好比一颗星星，而爱情只是一支蜡烛。蜡烛是要耗尽的，而星星却永远闪光。——大仲马

## 他们该怎么办——洁和宇的故事

洁和宇曾是初中校友，考上同一所重点高中，并被分在了同一个班，两人都是班干部。这让他们在新学校新环境感觉更亲近，加上班级事务管理的需要，他们时常一起讨论、交流学习与工作中的困惑。渐渐地，他们发现彼此很投缘，兴趣爱好也相似，于是就经常相约一起学习、打球、参加活动等，相处十分愉快，两人对对方都充满了好感。但没过多长时间问题就来了：同学们开始在背后议论纷纷，说他俩在谈恋爱；班主任也开始关注他们，找他们谈话。他们该怎么做？

A. 继续保持良好的交往　　　　B. 保持一定的距离

请你思考上面的问题并做出选择，与同学交流各自的观点。

---

洁和宇认为他们俩并没有谈恋爱，是纯粹的友谊，就继续保持良好的关系。后来随着交往的不断深入，两人的关系愈发亲密，出现了一些影响学习生活的状况：上课不能集中注意力，老走神，脑海中常常出现对方的身影或是两人在一起的甜蜜画面。此时，他们才发现自己已经陷入了恋爱中，两人的成绩也有不同程度的下降。双方家长也要求他们终止交往。他们感到很矛盾，该怎么做呢？

A. 继续发展　B. 暂时中断联系

如果选 A，他们该怎么处理学业及各方面的压力？如果选 B，如何中断，

他们以后怎么相处？

图 29 学会与异性相处（绘制人：何芷乐）

## 青春期男女生交往的特点

### 1. 独立自主的意识逐渐增强，逐渐显现出叛逆心理

青春期阶段的学生喜欢用批判甚至苛刻的眼光看待周围事物，这导致老师或家长的一些正当的引领也会遭到他们的反感和抵抗。在青春期后期，独立意识得到进一步的发展，他们面对生活和学习中遇到的问题和困难基本能够独立思考、理性判断和正确处理，并对社会的关心有所回应。但由于他们在经济上未能独立以及自身某些能力的欠缺，在一些重大问题面前，仍需得到家人、朋友的帮助和指导。

### 2. 情绪不稳定

青春期的学生心理的发展相对滞后于生理的发展，这种心理与生理的发展矛盾是造成青春期学生情绪不稳定的最主要的原因，也给他们带来了很多烦恼。因此，注意调节和控制情绪十分重要。

### 3. 对异性的关注

喜欢与异性相处，对异性充满了喜爱和期待。我们常常会见到这样一些现象：有女生在的地方，男生往往比较兴奋、走路生风，认为自己的一些举动是“男子汉”行为，以博取女孩子“多看一眼”；与男生相处时，女生更注重自己的仪容仪表，喜好打扮、故作姿态，希望引起男生的关注。为了在异性面前表现自己而做出的这些行为，表现出异性交往之间的互相吸引，是健康的心理表现之一。

### 4. 个体心理的发展

在青春期中，随着人的记忆力、注意力的发展，我们的注意力更加集中、敏锐，能储存更多的信息，抽象思维和逻辑思维能力也大大加强。因此，我们拥有了更加广泛、稳定的兴趣爱好，也有了一套自己待人接物的标准，使自我意识、自我评价和自我教育等各方面的能力得到充分的发展，初步形成了鲜明的性格，逐渐树立正确的人生观、价值观和世界观。但由于青少年的意志力较为薄弱，分析问题的能力还有待提升，所以，一旦遭遇挫折或者失败又容易灰心、沮丧和颓废，甚至会出现不够理智、感情用事的现象。

## 异性相处的重要性

### 1. 故事：刺猬取暖

冬天到了，森林中有十几只刺猬冻得直发抖。为了取暖，它们只好紧紧地靠在一起，却因为忍受不了彼此的长刺，很快就各自跑开了。可是天气实在太冷了，它们又想要靠在一起取暖，然而靠在一起时的刺痛使它们又不得不再度分开。就这样反反复复地分了又聚，聚了又分，它们不断在受冻与受刺两种痛苦之间挣扎。最后，刺猬们终于找到了一个适中的距离，既可以互相取暖，又不至于被彼此刺伤。

这个故事提醒我们：无论是学习还是生活，友情还是爱情，都应保持适当的距离，给对方留下一点空间。这既能体现对他人的尊重，也能显示自己的教养。

这个故事给你带来了哪些启示？

### 2. 活动：青春小鹿撞我心

回忆自己心仪过的异性同学，当时是什么感受？

回想当时的小秘密，现在又有什么感受？

你如何看待自己对异性的好感？这些感觉对我们的生活和学习有什么影响？请说出自己心中最真实的感受。

______________________________________________

______________________________________________

______________________________________________

“异性相吸”是自然界普遍存在的规律。青春期正常、健康的异性交往，有利于青少年在智力上互为激励，在情感上互为慰藉，在性格上互为弥补，在活动中互为鞭策。调查发现，既有同性朋友又有异性朋友的中学生，性格往往比较开朗，为人诚恳热情，乐于帮助同学，自制力也比较强。

进入青春期，男女生之间应当自然交往，不急于交往，也不逃避交往。异性交往的最佳状态是双方和谐相处、互助互补，促进彼此心理的健康成长。

## 学会与异性相处

正视异性交往对个人发展的重要性，在相互交流中完善自己，要把握好以下几条异性交往的原则。

### 1. 坦然面对，不要太敏感

首先态度要端正，更新交往观念，淡化性别意识，做到大方得体。不能太敏感，不因异性突然的称赞就盲目地认为对方有其他特殊的想法，或将平时正常的互送小礼物等行为，误认为对方可能对自己有好感，更不要在背后议论此类事件。比如：男女同学一块儿做作业、一同上下学，就怀疑他们相恋了。异性与同性之间的交往是有区别的，但也不要把异性之间的正常交往复杂化、神秘化，只要我们以平常心对待，在交往过程中就能收放自如。

### 2. 大方交往，不要太秘密

交往的方式保持公开性。要注意时间、地点、场合的选择与把控，如非特殊情况，最好不要与异性同学长时间单独相处。交往时要落落大方，不要因为男女有别，把正常的同学交往神秘化。有时，一些躲闪的眼神、行为的逃避等反而会引起对方的误会或其他同学的议论，因此，眼神躲闪、行为逃避等是完全没有必要的。

### 3. 广泛交往，不要太单一

交往范围宜广泛，避免长时期的单一、个别接触。有些人只与自己座位周围的异性交往；有些人喜欢与和自己有共同话题且志趣相投的异性交往；有些人老是和某一位异性来往，还比较密切。这很容易引起其他同学的误会，甚至以讹传讹，使本来没有发生的事情发展成一种被迫事实。扩大自己的交际圈，才能学到更多的异性交往之道，规避许多不必要的烦恼。

### 4. 举止得体，不要太随便

异性交往要保持距离感。男女同学在一起时难免嬉笑玩闹，甚至追逐打逗，这些都很正常，但是要注意保持适当的距离。从人际交往的距离上来说，0~15厘米是私密距离，45~122厘米是普通朋友的距离，如果我们把最好的朋友的距离定位到15厘米以外，那么就不会出现越界的问题。“距离”，既是空间距离，也是情感距离。既不拒人于千里，让人感觉生疏，又要把握好分寸，不让对方误会。

## 拓展阅读

### 青春期的异性交往

青春期性意识发展到一定阶段，少男少女对异性产生了好奇、好感，有了想接近异性的心理，这种心理是每个健康的人在生长发育过程中的正常现象，不是丑陋的、下流的，而是纯洁的、美好的。如果因为羞涩或其他原因加以压抑或扭曲，反而可能导致一定的心理障碍。所以，男女生之间的正常交往对人的身心健康和学习生活都有着良好的促进作用和影响。

在人际关系中，普遍存在着一种叫“异性效应”的心理现象，它不仅存在于整个人类的社会活动中，而且在青春期异性交往中表现得尤为突出。它具体表现为，男女两性共同参加某项活动与只有同性参加同样的活动相比，参与者在活动中心情会更舒畅，会干得更起劲、更出色。这是因为在人际交往中，异性之间的正常交往会产生一种特殊的相互吸引力和激发力，人们会有意识地注意自己的言行举止，让它变得更积极、更高尚，从而让自己与异性间的心理接近的需要和让异性敬慕自己的需要得到最大程度的满足。所以，“异性效应”对人的活动和学习通常起积极的影响。但是，青春期的异性交往，应注意以下几点：

1. 交往忌庸俗、浅薄

如：有些女孩子为了吸引男生，故意把自己打扮得花里胡哨，说起话来娇声嗲气；有些男孩为了在女孩面前逞能显“酷”，以能抽烟喝酒、打架斗殴来炫耀自己，这些都是不可取的。

2. 交往忌固定单一

异性交往应以集体交往为宜，避免把交往的对象固定在某一个异性身上，而应该扩大自己的交际面，从更多的异性身上吸取优点，丰富自己。

3. 交往忌想入非非

异性间的交往应以纯洁的友谊为前提，要分清友情和爱情，青春期对某个异性同学的好感并不是爱情，它只是友谊的一种形式。“青春期，我们不懂爱情”应成为大家在青春期与异性交往的至理名言，如果过早涉入爱河，不但可能会使双方受到不必要的伤害，而且还限制了自己与其他异性交往的机会，这对自己的成长发展是大为不利的。

所以，我们既要重视男女生之间的正常交往，又要把握好交往的尺度，既不要过分拘谨，也不要过分随便；既不要过分冷淡，也不要过分亲昵；既不要过分严肃，也不要过分卖弄；既不要过分羞怯，也不要过分轻浮。一句话，青春期异性之间的交往既要真诚坦率、落落大方，又要注意分寸，男女有别。

（引自：宋保华《青春期异性交往》，《初中生之友》2006年第Z5期。有删改）

# 生涯规划篇

“生涯”一词最早出自《庄子·养生主》：“吾生也有涯，而知也无涯。”“生”指活着，“涯”指“边际”，故“生涯”意为“一生”。我是谁？我从哪里来？我将到哪儿去？这是自我之问，也是生涯之问。生涯规划篇并非教你规划未来，而是教你为应对未来的各种变化做好准备。因为，生涯之学，乃应变之学；一个人若是看不到未来，就把握不了现在；一个人若是把握不了现在，就看不到未来。期待你能以未来的眼光，决定现在的方向！

# 二十二、带着野心去学习

王侯将相，宁有种乎。 ——陈胜

生当作人杰，死亦为鬼雄。 ——李清照

一个不想当将军的士兵不是一个好士兵。 ——拿破仑

迄今所有人生都大写着失败，但不妨碍我继续向前。 ——狂铁

## 何为“野心”

汉语词典将“野心”定义为“对领土、权力或名利的大而非分的欲望”。按这个解释来理解，野心是个贬义词。“野心勃勃”“狼子野心”，都是对人的负面评价。但现在越来越多的人把“野心”作为一个褒义词来用，形容有强烈的上进心，或是对目标、成功有强烈的渴求。

当然，野心并不是为了达到目的而不择手段，必须以不触犯法律、不违背道德为前提。

“野心”其实就心理学上所讲的成就动机，是指个人对于自己认为重要的或有价值的事力求达成的欲望。包括希望成功和恐惧失败两种心理。如果一个人成就动机高，他对成功的渴求就远远大于对失败的恐惧；相反，如果一个人成就动机低，那么他对失败的恐惧就远远大于对成功的渴求。李嘉诚在给汕头大学毕业生的演讲中曾提到：“如果世界上有任何‘成功秘方’，其中最关键的元素必定是你对成功的欲望远远大于对失败的恐惧。”

设想一下，如果一个人对失败的恐惧远远大于对成功的渴求，会对他有什么影响呢？

首先，在做事的时候会瞻前顾后、畏首畏尾、怕这怕那，放不开手脚。一般而言，越是害怕失败，其结果越可能失败。

其次，对失败有强烈恐惧的人会更倾向于选择简单的、容易的、轻松的任务，因为这样能确保成功。相反，对成功有强烈渴求的人，更倾向于选择具有一定挑战性，能激发个人潜能的任务。

再次，在面临多次失败时，对失败有强烈恐惧的人更容易放弃，而对成功有强烈渴求的人更容易坚持下去。

最后，对成功有强烈渴求的人更愿意从事开拓进取、创新创造的工作，而对失败有强烈恐惧的人更愿意固守本分，停滞不前。

因此，有野心才能让一个人更接近成功。

## 测测你的成就动机

请认真阅读下面的每个句子，判断句中的描述与你的情况相符的程度。

A. 完全不符合　B. 有些不符合　C. 基本符合　D. 非常符合

（　）1. 我喜欢在我没有把握解决的问题上坚持不懈地努力。

（　）2. 我喜欢新奇的、有困难的任务，甚至不惜冒风险。

（　）3. 给我的任务即使有充裕的时间，我也喜欢立即开始工作。

（　）4. 面临我没有把握克服的难题时，我会非常兴奋、快乐。

（　）5. 我会被那些能了解自己有多大才智的工作所吸引。

（　）6. 我会被有困难的任务所吸引。

（　）7. 面对能测量我能力的机会，我感到一种鞭策和挑战。

（　）8. 我在完成有困难的任务时，感到快乐。

（　）9. 对于困难的活动，即使没有什么意义，我也很容易参与进去。

（　）10. 能够测量我能力的机会，对我是有吸引力的。

（　）11. 我希望把有困难的工作分配给我。

（　）12. 我喜欢尽了最大努力才能完成的工作。

（　）13. 如果有些事不能立刻理解，我会很快对它产生兴趣。

（　）14. 我会被那些我不能确定是否能成功的工作吸引。

（　）15. 对我来说，重要的是有困难的事情，即使无人知道也无关紧要。

（　）16. 我讨厌在完全不能确定会不会失败的情境中工作。

（　）17. 在结果不明的情况下，我担心失败。

（　）18. 在完成我认为是困难的任务时，我担心失败，即使别人不知道也一样。

（　）19. 一想到要去做那些新奇的、有困难的工作，我就感到不安。

（　）20. 我不喜欢那种测量我能力的场面。

（　）21. 我对那些没有把握胜任的工作感到忧虑。

（　）22. 我不喜欢做我不知道能否完成的事，即使别人不知道也一样。

（　）23. 在那些测量我能力的情境中，我感到不安。

（　）24. 当接到需要有特定的机会才能完成的任务时，我会害怕失败。

（　）25. 那些看起来相当困难的事，我做的时候很担心。

（　）26. 我不喜欢在不熟悉的环境中工作，即使无人知道也一样。

（　）27. 如果有困难的工作要做，我希望不要分配给我。

（　）28. 我不喜欢做那些要发挥我能力的工作。

（　）29. 我不喜欢做那些我不知道能否胜任的工作。

（　）30. 当我碰到我不能立即弄懂的问题时，我会焦虑不安。

### 1. 计分方法

问卷共 30 题，有两个维度，包括：追求成功（MS）共 15 题（1~15 题），避免失败（MAF）共 15 题（16~30 题）。30 题全部正向计分，选“A”计 1 分，选“B”计 2 分，选“C”计 3 分，选“D”计 4 分。

表 12 成就动机计分表

| 题号 | 1 | 2 | 3 | 4 | 5 | 6 | 7 | 8 | 9 | 10 | 11 | 12 | 13 | 14 | 15 | MS 总分 |
|---|---|---|---|---|---|---|---|---|---|---|---|---|---|---|---|---|
| 选择 | | | | | | | | | | | | | | | | |
| 题号 | 16 | 17 | 18 | 19 | 20 | 21 | 22 | 23 | 24 | 25 | 26 | 27 | 28 | 29 | 30 | MAF 总分 |
| 选择 | | | | | | | | | | | | | | | | |

### 2. 结果解释

（1）MS − MAF ＞ 0 时，成就动机强。分值越高，成就动机越高。

高分特质：有追求成功的强烈愿望；喜欢挑战性的任务，愿意为自己设置高目标；肯冒风险，喜欢尝试新事物；希望在竞争中获胜。活动过程中积极主动，愿意承担责任。只要下定决心，工作或学习即使遇到困难也会坚持到底。

（2）MS − MAF=0 时，成就动机中等，追求成功和害怕失败相当。

中等特质：有时愿意承担一定难度的任务，并能承担一定的责任。对任务的看法很大程度上受情绪的支配。在给成功与失败归因时，态度往往不稳定，情绪消极时会对自己的信念、目标有所怀疑。

（3）MS − MAF ＜ 0 时，成就动机弱。分值越低，成就动机越低。

低分特质：认为要成功，机会比努力、能力更加重要；通常不愿意面对挑战性的任务；不喜欢参加与他人竞争的活动；做事情没有明确目标，无坚定的信念；工作中可能会表现得比较保守。在集体活动中不太愿意承担责任，出现问题时，可能会喜欢抱怨他人，回避责任，听之任之。

## 野心是改变命运的动力

俗话说，如果连想都不敢想，那么你连输的资格都没有。那些有成就的人，无一不是拥有改变自己命运的野心。

美国加利福尼亚大学的心理学家迪安·斯曼特曾说：“野心是人类行为的推动力，人类通过拥有野心，可以有力量攫取更多的资源。”

在电视剧《新上海滩》中有这样一个经典片段：

（冯敬尧是上海滩头号商会大亨，丁力是上海滩以卖梨为生的穷小子。）

冯敬尧对丁力说："我能混到今天哪，你说靠的是什么？"

丁力："因为冯先生运气好，命好。"

冯敬尧凝视着丁力："我问你啊，穷人最缺什么？"

丁力有点不解地说："穷人为了填饱肚子，当然最缺钱了，缺钱。"

冯敬尧略显淡定："我刚出道的时候，我师父也问我同样一个问题，你猜我是怎么回答的？"

丁力："冯先生，丁力不敢乱猜了，还望冯先生指教。"

冯敬尧语重心长地说："两个字：野心！"

丁力疑惑："野心？"

冯敬尧："野心！穷人最缺的就是成为人上人的野心。这个世道就是这个样子的，弱肉强食，嫌贫爱富，没什么道理可讲。道理，都是强权者定的。老天安排你是个穷人，你如果认命，你就会穷一辈子，一辈子让有钱人踩在脚下，耍你，戏弄你。你不认命，那就得靠你自己。我喜欢你的，就是和我年轻的时候一样，有野心。"

有野心，才能让你得到自己想要的东西。

做人要有点"非分的欲望"，不轻易认命、妥协，或是给自己贴标签。

那什么样的目标能激发一个人最强烈的实现的欲望？

### 1. 具有可实现性的目标

如果无论如何努力，目标也无法实现，目标便失去了意义。

### 2. 具有挑战性的目标

目标过于容易，没有难度，很难激发一个人实现目标的欲望。

### 3. 具有吸引力的目标

目标有非常重大的价值、意义，目标是你的兴趣所在，热爱之至，或是你看清自己处境后的孤注一掷。

请认真思考以下问题。

本学期你最渴求实现的目标是：______________________________

高中阶段你最渴求实现的目标是：____________________________

在一生之中你最渴求实现的目标是：__________________________

野心就是强烈的上进心；野心就是对目标、成功渴求实现的欲望；野心就是高成就动机；野心就是敢想敢做。光想不做不叫野心，正如诺贝尔文学奖获得者莫言所说："当你的才华还撑不起你的野心的时候，你就应该静下心来学习；当你的能力还驾驭不了你的目标时，就应该沉下心来历练；梦想，不是浮躁，而是沉淀和积累，只有拼出来的美丽，没有等出来的辉煌，机会永远是留给最渴望的那个人。学会与内心深处的你对话，问问自己，想要怎样的人生，静心学习，耐心沉淀。”

朋友，带着野心去学习吧！

图 30 带着野心去学习（绘制人：刘子玮）

## 拓展阅读

### 燃烧成功的欲望

朱葵

成功的行动来自那燃烧着的想要达成目的的欲望。拿破仑·希尔写道：“成功的意念能够到达个人的构想与信念所能到达的任何地方。”

一个年轻人向苏格拉底询问成功的秘诀，苏格拉底让年轻人第二天早晨到河边见他。他们见面后，苏格拉底叫年轻人和他一起走向河里，当河水淹至他们的脖子时，苏格拉底出其不意地抓住年轻人并把其压入水中，那人想要挣出水面，而强壮有力的苏格拉底将他摁在水中直到他变得无力抗争、脸色发青。苏格拉底将他的头拖出水面，这个年轻人所做的第一件事就是大口喘息，而后深吸一口气。苏格拉底问：“当你闷在水里的时候，你最想要的是什么？”年轻人回答说：“空气。”苏格拉底说：“那就是成功的秘诀。当你像渴望空气一样渴望成功，你就能够获得它！没有其他的秘诀了。”

强烈的欲望是一切成功的起点，正如小火苗不能放出大量的热一样，一个微小的愿望也不能促成伟大的成就。

（引自：《新东方英语（中学版）》，2005 年第 4 期。有删改）

# 二十三、探索我的兴趣

知之者不如好之者，好之者不如乐之者。 ——孔子

兴趣是最好的老师。 ——爱因斯坦

天才，就是强烈的兴趣和顽强的入迷。 ——木村久一

我和你没什么差别，如果你一定要找一个差别，那可能就是我每天有机会做我最喜欢的工作。如果你要我给你忠告，这是我能给你的最好忠告了。 ——沃伦·巴菲特

同学甲：我对文科更感兴趣，可爸妈希望我学理科当医生……

同学乙：我非常喜欢电竞活动，可是我爸妈都觉得那就是玩儿，不能当饭吃，我很疑惑，能否把我喜欢的活动发展成我的职业呢？

同学丙：我就还没发现我对什么特别感兴趣，唉……

思考：你是否也有类似的困惑呢？说说自己的情况。

---

---

---

## 兴趣及其发展

兴趣是个体积极探究某事物或某种活动的认识倾向。兴趣使我们对有趣的事物给予优先注意，并且积极探索。

兴趣的产生和发展有三个层次：有趣—乐趣—志趣。

通常情况下，有趣的事情我们每个人都觉得有很多，比如：听音乐、旅游、跳舞、打球……这些让我们通过直观的感官刺激产生的兴趣可能就只持续那么几天或者几个月，容易产生变化，这是我们最原始的兴趣。当我们对原始的兴趣开始思考，并且愿意主动发展，投入时间和精力进行深度钻研学习，由此产生更加持久的兴趣，这就从有趣上升到乐趣。乐趣可以让我们在一个领域更加持久并定向。为什么丁俊晖能打出上百万次杆，巴菲特能读近 50 万份年报，丰子恺能用长达 46 年的时间画出《护生画集》？是因为持续投入的乐趣能带给我们知识和能力，知识越多，能力越强，能够做的事情越来越多。由此发展

出的一种更加强大而持久的兴趣，称之为志趣。志趣的特点是稳定、持久，即便遇到阻挠也能坚持，遇到困苦也甘之如饴。

图 31 探索我的兴趣（绘制人：易琳格）

## 兴趣对生涯发展的意义

### 1. 提高工作效率

我们很多人可能有这样的经历：当做自己感兴趣的事情时，觉得时间过得快，且任务完成得不错。比如某位同学特别喜欢做化学实验，那么他经常把实验做得很出色，且可能还有自己的新发现；某位同学很喜欢踢足球，那么他可能风雨无阻地参加训练，球技还不错……兴趣不等于能力，但兴趣可能促进良性循环，促进工作效率的提高，并让我们感觉很快乐。

### 2. 促进潜能发挥

个体从事自己感兴趣的职业时，可将 80% 以上的潜能发挥出来。在四川泸县，有这样一位女生，从小特别爱美，对怎样梳出漂亮的发型、化出漂亮的妆容等很感兴趣，进入中学以后，班上同学每逢参加文艺会演，都是由她化妆、梳头。高中毕业以后，以她的成绩本可以有更多选择，但她说服家人，义无反顾地选择就读四川一所美容美发学院，凭借她的努力，毕业后被推荐到中国驻新加坡共和国大使馆工作。能够将自己感兴趣的事情发展成自己的工作，实现自己的人生理想，她无疑是幸运的。

### 3. 带来快乐幸福

乔布斯 10 岁时对电子元件表现出浓厚的兴趣。有一次，一位电子公司的工程师送给他一个碳晶麦克风，他如获至宝，连续研究了很长时间，完全沉浸其中，仿佛忘却了时空。这样沉浸、专注的“心流体验”，与人类的快乐、幸福息息相关。毫无疑问，如果能做自己感兴趣的事情，用喜欢的工作方式实现个人价值，将大大提升人生幸福感。

## 职业兴趣探索

怎样发现自己的兴趣所在呢？作为一名高中生，除了通过平时喜欢的学科、活动了解外，我们还应该多接触新事物，尝试自己感兴趣的活动，去思考和探索自己的兴趣。

### 1. 活动一：生涯度假计划

假设你有七天假期，打算前往马尔代夫附近新开发的岛屿度假。旅行社的经理向你介绍这个旅游点：“这是我们和当地合作开发的新路线，一共有六个不同风情的岛屿，各有特色。”

A 岛——“美丽浪漫岛”：这个岛上到处是美术馆、音乐厅，弥漫着浓厚的艺术文化气息。岛民们保留着传统的舞蹈、音乐与绘画艺术。

C 岛——“现代井然岛”：处处耸立着的现代建筑，标志着这是一个进步的、都市形态的岛屿，岛上的户政管理、地政管理等都十分完善。岛民们个性冷静保守，处事有条不紊，善于组织规划。

E 岛——“显赫富庶岛”：该岛经济高度发展，高级饭店、俱乐部、高尔夫球场随处可见。岛民性格热情豪爽，善于企业经营和贸易活动。岛上往来者多是企业家、经理人、政治家、律师等等。

I 岛——“深思冥想岛”：这个岛绿野平畴，人少僻静，适合夜观星象。岛上有很多天文馆、科技博物馆、科学图书馆。岛民们最喜欢待在自己的小房子里，天天钻研学问，沉思冥想，探究真知。

R 岛——“自然原始岛”：这是个自然生态优良的绿色之岛。岛上不仅保留有热带雨林等原始生态系统，而且建立了相当规模的植物园、动物园、水族馆。岛民以手工制造见长，他们自己种植花果，栽培蔬菜，修缮房屋，打造器物，制作工具。

S 岛——“温暖友善岛”：这个岛的岛民们都性情温和，乐于助人，人际关系十分友善。大家互助合作，重视教育后代。每个社区都能自成一个密切互动的服务网络，处处充满着人文关怀气息。

听完介绍请做出你的选择：

（1）如果你必须在六个岛中的一个岛上生活一辈子，成为其中一员，你第一会选择哪一个岛？

（2）你第二会选择哪一个岛？

（3）你第三会选择哪一个岛？

（4）你无论如何都不愿意选择哪一个岛？

选好之后，依次记下四个问题的答案。

这六个岛事实上分别代表了六种职业类型，描述如下：

A 岛——艺术型：对新颖性和创意性的活动感兴趣，喜欢表现自我的特点，想象力丰富，偏爱与观念接触，不喜欢处理具体事务。

C 岛——常规型：对有计划、有规则的任务感兴趣，喜欢整理、分发资料和文件，偏爱与事务接触，不喜欢与人和创意接触。

E 岛——企业型：对有开创性和有影响力的活动感兴趣，喜欢竞争、领导和冒险，偏爱与人和事物接触，不喜欢系统复杂的思维活动。

I 岛——研究型：对解决抽象问题感兴趣，喜欢研究和分析，好奇心强，偏爱与观念接触，不喜欢处理人与物等相关事务。

R 岛——实用型：对操作机械和肢体运动的活动感兴趣，喜欢工具、大自然和体育，偏爱与物接触，不喜欢与人接触。

S 岛——社会型：对教育、服务和社交等活动感兴趣，喜欢指导和帮助别人，偏爱与人接触，不喜欢与物接触。

问题（1）的答案体现了你最显著的职业性格特征、最喜欢的活动类型以及最喜欢（很可能是最适合）的大致职业范围。

反之，问题（4）的答案则是你最不喜欢的活动类型或职业。

### 2. 活动二：自我觉察和反思

（1）将你觉得有趣的事物或活动一一写在一张白纸上。

（2）从你写在白纸上的内容中选出 3~5 项你愿意或者本身经常花时间去体验的事或活动，且在这个过程中你体验到了快乐，任务完成得不错。

（3）从第二步你所挑选的事物或活动中再思考，哪一项或两项是可以和你的职业兴趣相结合，甚至奋斗终生的？比如某位同学的职业兴趣倾向是社会型，而该同学的兴趣中有旅游这一项，则可以将职业理想往导游发展；如果职业倾向是艺术型，同样还是喜欢旅行，则可以将旅行中的见闻和思考等写下来，能成为徐霞客式的山水作家也不错哦！

（4）如果你还没有发现自己的心中所“爱”，不用着急，多接触新事物，多参与各种活动，一定会发现自己感兴趣的事物或活动；如果已经有了方向，接下来就是行动！

## 拓展阅读

### 寻找通往世界的钥匙

他出生在风光旖旎的希腊克里特岛，小小年纪就喜欢拎个竹篮，在海滩捡贝壳，在那里会遇到来自世界各地的游客。听他们用陌生的语言交谈时，他总想知道他们在说什么。

6 岁时，他开始学英语，因为父亲在政府任职，母亲是中学教师，他们都会说英语，耳濡目染，学起来很快。5 年后，他就能用英文听说读写了。

有一天，几位女游客沐浴着夏日阳光，眺望远方美景，不时齐声大笑。好奇心促使他走上前去。其中一个女子对他说："小家伙，能送我们几只贝壳吗？"

虽然她们说的他一个字也听不懂，但他想了想，乐呵呵地递上了两枚漂亮的贝壳。游客向他竖起大拇指，给了一美元作为酬金。他高兴得手舞足蹈，不是因为赚了钱，而是因为猜对了那句外语。从此，他更加喜欢到海滩去，听更复杂的外国话。

他在海滩一待就是一整天，母亲心急如焚地找过去，却见他捧了本德语教科书看得津津有味。母亲觉得很奇怪，决定考考他。让母亲又惊又喜的是，他嘴里竟然蹦出了几句拗口的德语，还信誓旦旦地说："我要天天跟游客学语言。"

谁知这天晚上，他躺在床上无法入睡，痛得嗷嗷大叫，因为暴晒，他的皮肤被严重晒伤。他喋喋不休地叫痛，忽然冒出一句："学语言这么苦，明天不去海滩了。"

母亲一边给儿子搽药，一边郑重其事地说："你不想去海滩，妈妈不反对。但是如果你想学更多语言，去世界各地游玩，就需要坚持，不能这么轻易放弃。"

母亲的话，他似懂非懂，但是对游遍世界还是抱有强烈向往。于是第二天，天刚亮，他便起床，又来到那片熟悉的海滩。

他的自学之路越走越顺，十来岁时已通晓英语和德语，很快又学了意大利语。读高中的时候，他又想学俄语、土耳其语和阿拉伯语。慢慢地，他理解了学习语言的真谛：深入语言背后的文化，就能更快地掌握这门语言。20 世纪 80 年代，为了能更深刻地理解土耳其语，他来到伊斯坦布尔最大的清真寺……两个月后，他就能说一口流利的土耳其语了。

1994 年，他被欧盟三大机构之一的欧洲议会聘为翻译。接下来的几年，大多数来欧洲议会演讲的国家元首，都由他担任翻译。他就是欧洲议会里名副其实的明星翻译家伊科诺姆。值得一提的是，如今的他是欧盟唯一可以准确翻译重要中文文件的翻译家。

（引自：《家教世界》2013 年第 Z1 期。有删改）

# 二十四、天生我材必有用——职业能力探索

聪敏出于勤奋，天才在于积累。 ——华罗庚

仅仅具备出色的智力是不够的，主要的问题是如何出色地使用它。 ——笛卡儿

检验一个人是否具备某种职业才能，就是看他能否热爱其中包含的枯燥劳动。 ——洛根·皮尔索尔·史密斯

轻易地完成别人难以完成的工作是才能；完成有才能的人力所不能及的工作是天才。 ——阿米尔

## 生涯困惑

李明的语文、英语、政治、历史成绩很好，但理科较弱，尤其是物理令他头疼。就要分文理科了，他打算选擅长的文科，但父母认为文科未来选择面窄，理科更有前途，故极力主张他选理科。李明很困惑，究竟是选擅长的文科，还是选“更有前途”但薄弱的理科呢？

王元听说未来社会需要有一技之长，但他觉得自己能力平平，没什么特长，不知道自己未来适合做什么。

小兰总体成绩不错，有望考一所重点大学，但数学一直是她的短板。为提高数学成绩，她花费了很多时间，课后参加小班学习，大量练题，可数学成绩还是止步不前。每次看到数学成绩，她就想：“唉，我是不是真的很笨？”

图 32 天生我材必有用（绘制人：刘子玮）

## 能力的定义

能力是顺利完成某种活动所必备的心理特征，是顺利实现某种活动的心理条件。我们平时所说的能力是指个体在某项任务或活动上现有的成就水平，也指个体具有的潜力和可能性。

任何一种活动都要求参与者具备一定的能力，而且能力直接影响着活动的效率。比如，从事电视主持工作，要具有良好的语言表达能力、灵活的应变能力、较强的记忆力等；从事销售工作，要具备较强的语言表达和洞察能力。

## 加德纳的多元智力理论

多元智力理论由美国心理学家加德纳于1983年提出，他认为智力的内涵是多元的，由八种相对独立的智力成分构成，这八种智力分别为：

### 1. 言语智力

能够有效分辨口头语言及运用书面语言的能力。这种智力在记者、演说家及政治领袖等人身上表现得较为突出，例如由记者转变为演说家、政治领袖的丘吉尔。

### 2. 逻辑－数学智力

能够有效运用数字进行预算和推理的能力，物理学家、侦探、工程师等人在这方面的能力较为突出，如相对论的提出者、物理学家爱因斯坦。

### 3. 空间智力

运用感知觉认识到空间关系，并且能用其表达思想和情感的能力。这种能力在画家、设计师等人身上表现得尤为明显，例如画家达·芬奇、梵·高等。

### 4. 音乐智力

觉察、认识、记忆和表达音乐的能力，例如音乐家贝多芬、莫扎特等。

### 5. 运动智力

能运用肢体表达自身的情绪和感受，以及完成精密作业的能力。这类智力在运动员、赛车手、舞蹈家等人身上有突出的表现，例如千手观音扮演者邰丽华。

### 6. 人际智力

能够觉察、认识到他人的情绪和情感，并据此变化做出反应，与人友好交往的能力。人际智力高的人往往具有较强的洞察能力，例如主持人何炅。

### 7. 自知智力

有自知之明，能够认识自己并且在不同时间段反省自身的能力。这种智力在思想家、哲学家等人身上有突出的表现，例如伟大的哲学家、革命者马克思。

### 8. 自然智力

个体辨别自然界各种事物的特征并且加以利用的能力。如生物学家和环保主义者。

## 了解你的多元智力

生涯发展理论创始人舒伯认为，一个人的职业发展必须能够达到自我实现，即对自己的能力有更深的理解。而亚里士多德提出，最美好的生活，是活出你自己优势的生活。你可以借助下面的智力测试表，了解自己的智力优势。

请根据你对自身的了解，对下列问题进行判断，在“是”或“否”下面打“√”

表 13 多元智力测试表

| 序号 | 题目 | 是 | 否 | 计分 |
| --- | --- | --- | --- | --- |
| 1 | 你在背诗和有韵律的词句时很出色 | | | |
| 2 | 你能注意到你愁闷和高兴时的情绪变化 | | | |
| 3 | 你常常问诸如“时间是从什么时候开始的”之类的问题 | | | |
| 4 | 你很少迷路 | | | |
| 5 | 你的动作很优美 | | | |
| 6 | 你唱歌时音阶很准 | | | |
| 7 | 你经常会问“打雷、闪电和下雨是怎样形成的”之类的问题 | | | |
| 8 | 经常说的一个词，你用错了，你就会纠正 | | | |
| 9 | 你很早就会系鞋带，出人意料地学会骑车 | | | |
| 10 | 你特别喜欢扮演什么角色并编出剧情 | | | |
| 11 | 出门旅游时，你能记住沿途的标记，说：“我们曾经到过这个地方……” | | | |
| 12 | 你喜欢听各种乐器的演奏，并能通过辨音认出它们 | | | |
| 13 | 你画图画得很好，对物体描绘清晰 | | | |
| 14 | 你善于模仿各种身体动作以及面部表情 | | | |
| 15 | 就像喜欢根据大小和颜色把玩具分类一样，你擅长划分种类 | | | |
| 16 | 你善于把动作与情感联系起来，譬如说：“我发昏了才做出这事儿……” | | | |
| 17 | 你能够相当精彩地讲故事 | | | |
| 18 | 你能够对不同的声响发表议论 | | | |

续表

| 序号 | 题目 | 是 | 否 | 计分 |
| --- | --- | --- | --- | --- |
| 19 | 某人被引荐，你有时会说："她使我想起了……" | | | |
| 20 | 对别人能完成与不能完成的事，你能做出准确的评论 | | | |
| 21 | 在看电影、电视时，你能够很快看出谁是坏人 | | | |
| 22 | 你观察力强，能发现事物的细枝末节 | | | |
| 23 | 你身体力行地体验、接触，以了解动物、植物或矿物 | | | |
| 24 | 你说话早，表达能力强 | | | |
| 25 | 你喜欢下棋、打牌 | | | |
| 26 | 你学歌学得快 | | | |
| 27 | 你常注意自然界中的新发现，如考古、植物新品种等 | | | |
| 28 | 你能够熟练地掌握各种工具器械 | | | |
| 29 | 你不卑不亢，有自信心 | | | |
| 30 | 你有"眼力见儿"，能够应酬客人 | | | |
| 31 | 你很少因为方向感而不知所措 | | | |
| 32 | 你喜欢读书，无须大人督促 | | | |
| 33 | 你经常对自然界发生的事件发表评论 | | | |
| 34 | 你能很快学会等量转换，例如，500 克是一斤，三尺是一米 | | | |
| 35 | 你从小就爱摆弄乐器，长大后，能识别出没有歌词的演奏曲 | | | |
| 36 | 你对新鲜事物充满好奇和探索的欲望 | | | |
| 37 | 你是拆装玩具、折纸的能手，别人都说你手巧 | | | |
| 38 | 你知道如何计划自己的事情 | | | |
| 39 | 你喜欢养动植物 | | | |
| 40 | 你能够区分不同动植物的品种 | | | |

接下来，请你计算你在各种智力方面的得分，选"是"记 1 分，"否"则记 0 分。最后把你的分数填在表 14 中。

表 14 多元智力测试得分表

| 智力名称 | 相关题目 | 总分 |
| --- | --- | --- |
| 言语智力 | 1、8、17、24、32 | |
| 逻辑－数学智力 | 3、7、15、25、34 | |

续表

| 智力名称 | 相关题目 | 总分 |
| --- | --- | --- |
| 空间智力 | 4、11、13、22、31 | |
| 音乐智力 | 6、12、18、26、35 | |
| 运动智力 | 5、9、14、28、37 | |
| 人际智力 | 2、19、21、30 | |
| 自知智力 | 10、16、20、29、38 | |
| 自然智力 | 23、27、33、36、39、40 | |

以上智力没有高低优劣之分，只是在从事的工作和发展上面会有区别。如果你的言语智力分数较高，你的语文成绩可能比较好，以后会较为适合从事语言方面的工作，尽管其他方面不太优越，也不必自卑和焦虑。

请根据你对自己多元智力的评估，画出“我的特殊能力雷达图”，将各个维度所得分数用圆点标记在图 33 中，并把它们连接起来，就能得到属于你的特殊能力雷达图。

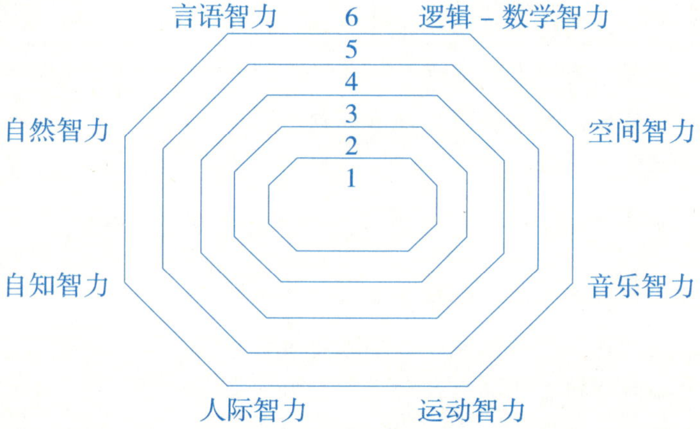


图 33　我的特殊能力雷达图

## 职业能力的培养与提升

职业能力一般是指人们从事某职业所需要的一系列稳定的能力特征及职业素质的总和。简言之就是人们为了某一职业而必须学习的能力，它主要包括专业能力、社会实践能力、创新能力等。

培养和提升职业能力，需要做到：

1. 珍惜在校学习的机会，认真学习多方面知识，融会贯通。

2. 在校期间积极参与社团活动，利用好学校第二课堂，进一步提升与人交往的社会能力等。

3. 参加社会实践，增加社会经验。利用课后时间积极参与社会服务活动，进行社会观摩等。

4. 向榜样学习。课后读一两本相关行业领军人物的传记或书籍，模仿和学习他们的优点。

5. 利用好自己的业余爱好，学自己想学的，做自己擅长的，真正将自己的兴趣与能力相结合。

## 拓展阅读

### 21 世纪青少年必备的 10 种基本能力

1. 语文表达能力，能准确地运用口头和书面语言表情达意，进行社会交际；

2. 文学和社会科学综合理解能力，因为任何基本能力的培养都需要以它为基础；

3. 数学的实际应用和理解能力，能应用数理统计和代数方程式解决生产、生活问题；

4. 理解物理、化学和生物学科与环境的关系，了解物质世界的运动规律，并能解决较复杂的问题；

5. 至少掌握一门外语，了解一种外国文化；

6. 掌握使用计算机和其他技术本领，不仅会操作“文字处理程序”，还会解决较复杂的问题；

7. 艺术鉴赏力，能欣赏文学作品、音乐舞蹈、书法、绘画，品味出其中的真善美；

8. 理解社会政治、经济体制、人际关系，正确处理个人与集体、家庭的关系；

9. 有强烈的公共意识，注意环境卫生和自我保健，有强壮的体魄和良好的生活习惯；

10. 分析、解决问题的能力，有竞争意识和独创精神。

（引自：《中学生理科月刊》2003 年第 Z1 期。有删改）

# 二十五、寻找人生的灯塔——职业价值观探索

一个人找到属于自己的位置，并使自己在那里发光，那就是真正的人生。——卡莉·菲澳利娜

工作就是人生的价值，人生的欢乐，也是幸福之所在。——罗丹

在职业发展的道路上，重要的不是你现在所处的位置，而是迈出下一步的方向。——程社明

你生命的前半辈子可能属于别人，活在别人的认为里。那把后半辈子还给你自己，去追随你内在的声音。——荣格

一切自由、一切真理和一切意义都依赖于个人做出并予以实施的选择。——维克多·弗兰克

## 人生的灯塔，照亮前行的路

2020年，湖南耒阳留守女孩钟芳蓉的高考成绩为676分，在湖南省文科排第四名，因报考北京大学考古专业引发关注。钟芳蓉表示，她的偶像是被誉为“敦煌女儿”的敦煌研究院名誉院长樊锦诗，她也是深思熟虑之后才做出了这样的决定。钟芳蓉说，她以后会读研深造，进行考古研究。至于对未来的职业规划，钟芳蓉则表示想当一名老师，或是在博物馆工作。尽管专家表示，考古专业的就业率并不低，但仍有一部分网友表示“考古专业属于冷门，可能找不到工作”，甚至有些网友指责钟芳蓉“浪费分数，目光短浅”。对此，钟芳蓉回应说：“我个人特别喜欢，我觉得喜欢就够了呀！”

如果你是钟芳蓉，你会怎么选？请说明理由。

________________________________________

________________________________________

________________________________________

每一个选择的背后，都藏着价值观。

价值观是我们内心认为最重要的东西，是我们在生活中所看重的标准和原则，它指引我们行为的方向，决定了我们的重要选择，体现了我们的人生态度和对人生意义的诠释。比如，有人看重金钱，有人看重发展机会；有人选择舒适，有人选择挑战和刺激……

职业价值观也叫工作价值观，是价值观在所从事的职业上的体现，是人们

对待职业的一种信念和态度，或者在职业生涯中表现出来的一种价值取向。

生涯大师舒伯认为，职业价值观是个人追求的与工作有关的目标，即个人的内在需求、在从事活动时所追求的工作特质或属性。职业价值观是一个人选择职业时的重要内心尺度，是职业能否满足自己物质与精神需要的衡量标准，也是对职业所能体现出的人生意义的稳定信念与态度。正确认识职业价值观，有助于树立正确的人生方向和积极的生活态度，以便更好地谋划自己的未来。

## 树立职业价值观，为梦想赋能

卡尔夫说："在我看来，世界上最大的悲剧莫过于，有太多的年轻人从来没有发现自己真正想做什么。想想看，一个人在工作中只能赚到薪水，其他的一无所获，这是一件多么可悲的事情啊！"因此，当我们进行生涯规划，考虑未来的职业选择时，一定要清楚和明确自己的职业价值观。

伯利恒钢铁公司的创始人查尔斯·施瓦布是美国梦的代表。他的一生完成了一个从打工者到创业者的飞跃。

施瓦布出生在美国乡村，只受过很短的学校教育。15 岁那年，家中一贫如洗的他就到一个山村做了马夫。然而雄心勃勃的他无时无刻不在寻找着发展的机遇。三年后，他终于来到钢铁大王安德鲁·卡耐基所属的一个建筑工地打工。一踏进建筑工地，他就抱着要做同事中最优秀的人的决心。当其他人在抱怨工作辛苦、薪水低而怠工的时候，他却默默地积累着工作经验，并自学建筑知识。

一天晚上，同伴们在闲聊，唯独他躲在角落里看书。那天恰巧公司经理到工地检查工作，经理看了看他手中的书，又翻开了他的笔记本，什么也没说就走了。第二天，公司经理把他叫到办公室，问："你学那些东西干什么？"他说："我想我们公司并不缺少打工者，缺少的是既有工作经验又有专业知识的技术人员和管理者，对吗？"经理点了点头。不久，他就被升为技师。打工者中，有人讽刺挖苦他，他回答说："我不光是在为老板打工，更不单纯为了赚钱，我是在为自己的梦想打工，为自己的远大前途打工。我只能在业绩中提升自己。我要使自己工作所产生的价值，远远超过所得的薪水，只有这样我才能得到重视，才能获得机遇！"

抱着这样的信念，他一步一步升到总工程师的职位上。25 岁那年，他又做了这家建筑公司的总经理。后来，他终于建立了自己的大型企业——伯利恒钢铁公司，并创下非凡的业绩，真正实现了他的企业家梦想。

查尔斯·施瓦布的故事带给你什么启发？

## 梳理职业价值观，让目标更明晰

每个人在学业和职业上，都有各自不同的价值追求，因此生涯大师舒伯总结了15种最为普遍的职业价值观，代表着不同群体在工作中所重视和追求的15个方面。

表15 15种职业价值观

| 工作价值 | 特征分析 |
| --- | --- |
| 美的追求 | 使你能够制作美丽的物品并将美带给世界的职业 |
| 安全稳定 | 不太可能失业，即使在经济困难的时候也有工作 |
| 工作环境 | 在怡人的环境里工作，环境或工作的物质条件对某些工作者来说是很重要的，他们对于相应的工作条件比工作本身更加感兴趣 |
| 智性激发 | 能让你独立思考、了解事物怎样运行和作用的工作 |
| 独立自主 | 能让你以自己的方式去做事，或快或慢随你所愿的工作 |
| 多样变化 | 在同一份工作中有机会尝试不同种类的职能 |
| 经济报酬 | 报酬高、使你能拥有想要的事物的工作 |
| 管理权力 | 允许你计划并给别人安排任务的工作 |
| 帮助他人 | 让你能为了他人的福利做贡献的职业，有社会服务方面的兴趣 |
| 生活方式 | 工作能让你按照自己所选择的方式生活并成为自己所希望成为的人 |
| 创造发明 | 能使你发明新事物、设计新产品或产生新思想的工作 |
| 上级关系 | 在一个公平并且能与之融洽相处的管理者手下工作，和老板相处融洽 |
| 同事关系 | 能与你喜欢的人接触并共事。对某些人来说，工作中的社交生活比工作本身要重要得多 |
| 成就满足 | 能让你有一种做好工作的成功感。重视成就的人喜欢能给人现实可见的结果的工作 |
| 名誉地位 | 让你在别人的眼里有地位、受尊敬、能引发敬意的工作 |

澄清自己的价值观，有利于我们做出更符合自身需要的选择，实现自我价值，亦能让我们在面对诱惑时学会坚守内心的底线。

活动步骤

第一步：请在上述 15 种职业价值观中选出 8 种你认为最重要的，并说说为什么做这样的选择。

| | |
|---|---|
| | |
| | |
| | |
| | |

第二步：凝视选好的 8 种职业价值观，问自己：如果目前只能获得部分的价值，而有些价值无法被完全满足，该做怎样的选择？请从 8 种里面删除 2 种，留下 6 种你看重的职业价值观。

第三步：天有不测风云，人有旦夕祸福。你遇到了一些意外，得从 6 种里删除 2 种，只留下 4 种你看重的职业价值观，你会怎么选择？

第四步：当生活又有新的变化发生，需要从剩下的 4 种里再删除 1 种，只留下 3 种你看重的职业价值观，你又该如何选择？

最后，剩下的这 3 种就是你的核心职业价值观。

1. 你的核心职业价值观是哪 3 种？

______________________________

______________________________

______________________________

2. 经过这样的删减过程，你内心的感受是什么？

______________________________

______________________________

______________________________

3. 看看你的核心职业价值观，你对自己有什么新的发现？为什么它们对你很重要？

---

---

---

4. 你做过哪些选择或事情体现了你的核心职业价值观，未来你还可以做些什么？

---

---

---

价值观的探索告诉我们“你看重什么”，清楚自己心中想要的，会让你活得更明白。当某种职业带给你的东西正好符合你的价值取向，你将会获得真正意义上的成就感与满足感。当你澄清自己的职业价值观，相信你会更加明确自己的生涯目标，也就会更加明确当下该做什么。

图 34 职业价值观探索（绘制人：王子萱）

## 拓展阅读

### 泡进物理专业的理科“学渣”

顾静怡

钱伟长上清华纯属侥幸。那年高考，他的数理化加英文四门成绩总共只得了25分，其中物理只有可怜的5分。凭着文史满分，他被清华历史系破格录取。然而，就是这个物理只考了5分的理科“学渣”，却偏偏搭错了神经般一门心思要转系学物理，并且不达目的誓不罢休。

什么原因促使他非要转学物理呢？原来，钱伟长入学的第二天，也就是1931年的9月18日，日本人发动了“九一八”事变。充满爱国热情的钱伟长拍案而起，果断地做了一个决定：换专业！学物理造飞机大炮打鬼子！有同学劝他：“你物理这么差，物理系的吴主任肯定不会要你。”

还真让这位同学说对了，当物理系的吴有训主任得知钱伟长高考物理只得了5分时，真没敢要他。这一下，钱伟长“愤怒”了，心想：凭啥不要我？我一定要进物理系。字典里没有“放弃”和“认输”两个词的钱伟长动起了脑筋，开始“泡”吴主任。

吴有训主任每天8点上课，钱伟长就每天6点45分守在他办公室门口，只要吴主任一出现，他立即一言不发地递上自己写的纸条：“我要学物理，造飞机大炮打鬼子。”“给我一个机会，创造一个奇迹。”……就这样，他每天用不同的文字表达自己的志向，软磨硬泡的目的只有一个：学物理。

一个月过去了，吴主任还是没松口，钱伟长心想该出大招了。第二天一早，吴主任看到钱伟长的纸条上画着一个少年，并写道：“吴主任，收了我吧。我给您一个百分百的保证，一学期为限，我一定像文史那样，给您一个物理满分。”就这样，钱伟长终于“泡”进了物理系。在以后的岁月中，他凭着坚持和永不放弃，攻下了一个又一个科学难题，“文史天才”变成了“中国力学之父”。

“泡”，不是耍无赖，吴主任也不是好说话、耳根软，是钱伟长的执着和热情让吴主任相信，只要有发自内心的热爱，一个文史满分的偏科天才也能成为理科学霸。

（引自：《第二课堂（B）》2017年第Z1期。有删改）

# 二十六、善于借力，智慧决策

只要你有一件合理的事去做，你的生活就会显得特别美好。

——爱因斯坦

宝贝放错了地方，便是废物。 ——富兰克林

人在走路时，转弯最重要。 ——王力行

我们的决定，决定了我们。 ——萨特

## 人生处处有选择

小芜正上高一，因初中基础没打牢，现在学习非常吃力。父母建议她课余时间去参加艺术培训，今后考艺术类院校。她心动了，但想到自己根本没有什么艺术细胞，高中时间又那么紧，担心自己文化、艺术两头都没学好，不知该怎么选，好纠结……

社团又开始招新了，全校 43 个社团各有特色。李明很想通过社团活动锻炼能力、开阔眼界、结交朋友。但爸爸认为社团活动会耽误学习，反对他参加，并说："先把学习成绩搞上去再议……"眼看报名时间即将截止，他不知道自己到底要不要坚持参加；如果参加，报哪个社团呢？

图 35 善于借力，智慧决策（绘制人：王子萱）

你有过上面这样类似的选择、决策的困惑吗？

______________________________________________

______________________________________________

______________________________________________

事实上，小到吃穿用，大到职业发展，人生处处充满了选择。比如，初中会面临读高中或中职的选择；高一会面临选科；高三面临专业选择；大学毕业会面临工作还是读研的选择……

真是人生处处有选择啊！面对这么多选择，该怎样做出合理的决策呢？

## 什么是生涯决策?

生涯决策就是个人在多项选择之间权衡利弊以获得最大价值的历程。生涯决策必将影响人的整个生命历程。中学生科学的生涯决策不仅能激发学习兴趣，有助于发挥潜能，还能在择业前做好充分准备，提高自己在未来职场上的竞争力。

## 生涯决策工具

### 1.SWOT 分析法

SWOT 分析法最早由哈佛商学院的 K.J. 安德鲁斯教授于 1971 年在其《公司战略概念》一书中提出，他通过综合分析企业所处的内部环境（优势［Strengths］、劣势［Weaknesses］）和外部环境（机会［Opportunities］、威胁［Threats］）来为企业的中长期发展制定战略。这种方法也可以用来进行职业生涯决策。

个体通过与他人相比较，考察自己周围的职业环境，认清自身的优势和劣势，以及周围职业环境的机会和威胁，来构建自身的 SWOT 矩阵，如表 16。然后，给矩阵中每个维度的每一项因素配以权重，并根据权重进行定量分析。明确了自身的优势、劣势、机会与威胁后，即可在此基础上综合考虑这些信息，确定自己的职业发展道路。

表 16　个体职业决策中的 SWOT 矩阵

| | | |
|---|---|---|
| 内部因素 | 优势：指个体可控并可利用的内在积极因素<br>比如：<br>工作经验、教育背景<br>丰富的教育知识和背景<br>丰富的专业知识和技能<br>特定的可转移技能，如沟通、团队合作、领导能力等<br>广泛的关系网络<br>在专业组织中的影响力 | 劣势：指个体可控并努力改善的内在消极因素<br>比如：<br>缺乏工作经验<br>学习成绩差，专业不对口<br>缺乏目标及对自我和工作的认识<br>领导能力、人际交往能力、沟通能力和团队合作能力较差<br>负面的人格特征，如缺乏自律、缺少工作动机、害羞、情绪化等 |
| 外部因素 | 机会：指个体不可控但可以利用的外部积极因素<br>比如：<br>就业机会增加<br>再教育的机会<br>专业领域亟须人才<br>因提高自我认识、设置更多具体工作目标带来的机遇<br>专业晋升的机会<br>专业发展带来的机会<br>职业道德选择带来的独特机会<br>地理位置的优势<br>强大的关系网络 | 威胁：指个体不可控但可以使其弱化的外部消极因素<br>比如：<br>就业机会减少<br>由同专业的大学毕业生带来的竞争<br>具有丰富技能、经验、知识的竞争者<br>拥有较好的寻找工作技巧的竞争者<br>名校毕业的竞争者<br>缺少培训、再学习造成的职业发展障碍<br>工作晋升机会十分有限或者竞争激烈<br>专业领域发展有限<br>公司不再招聘与你同样学历或专业的员工 |

例如，有一名师范大学心理学专业的男研究生，在校期间专业成绩优秀，曾多次荣获奖学金，发表论文若干，且一直担任学生会干部工作，成绩斐然，大二时曾在一家大型电子公司的人力资源部门实习了半年。但他性格急躁，容易冲动。现在，他想谋取一份人力资源管理的工作。下面我们以此个案为例，来详细阐述如何在个人职业生涯决策中运用 SWOT 分析结果（见表 17）。

表 17 个体职业生涯决策过程中 SWOT 结果的运用

| 内部环境分析 | 外部环境分析 | |
| --- | --- | --- |
| | 机会（Opportunities） | 威胁（Threats） |
| | （1）人力资源管理部门逐渐受到企业的重视<br>（2）入世后，外资企业的进入导致人力资源管理人才需求量的增大<br>（3）心理学在人力资源管理中的重要性逐渐凸显出来 | （1）人力资源管理方向的毕业生<br>（2）工商管理硕士（MBA）的兴起<br>（3）人力资源管理在很多企业中仍然处于刚起步阶段，其运作很不规范<br>（4）比起学历，我国许多企业更看重工作经验 |
| 优势（Strengths） | 优势机会策略（S.O.） | 优势威胁策略（S.T.） |
| （1）硕士学历，成绩优秀<br>（2）丰富的学生会干部管理经验<br>（3）大型公司半年实习的经历<br>（4）具有心理学的知识背景 | （1）继续学习心理学知识，将心理学知识运用到人力资源管理中<br>（2）发挥担任学生会干部的管理特长 | （1）强调自身心理学背景的优势<br>（2）强调大型公司半年的实习经验<br>（3）强调较强的学习能力和适应力 |
| 劣势（Weaknesses） | 劣势机会策略（W.O.） | 劣势威胁策略（W.T.） |
| （1）师范院校毕业<br>（2）没有丰富的工作阅历<br>（3）专业不对<br>（4）性格急躁，容易冲动 | （1）利用较强的学习能力，自学人力资源管理课程，加强英语的学习<br>（2）继续加强自己在师范院校中所培养的口语交流、文字书写等优势 | （1）训练克制自己的冲动个性<br>（2）结合两个不同的专业，培养宽阔的视野和创新能力<br>（3）积极寻找重视员工潜能的企业 |
| 分析后的整体结论：职业发展道路定位在大中型的外资企业人力资源管理部门 | | |

（资料来源：杨英、龙立荣《SWOT 分析法在职业生涯决策中的运用》，《华东经济管理》2005 年第 2 期。有改动）

### 2. 生涯决策平衡单

生涯决策平衡单是台湾生涯教育专家金树人提出的生涯决策工具。即在做决策时，首先列出需要选择的具体内容，然后根据个人情况，列出个人考虑的决策因素，并根据重要性赋予一定的分值（1~10 分），最后计算出各个选择内容的分值，分值高的选择内容即为自己的决策（如表 18）。

表 18 生涯决策平衡单

| 考虑因素 | | 重要性（1~10） | 选择一 | 选择二 | 选择三 |
|---|---|---|---|---|---|
| | | | | | |
| 影响决策的因素 | | | | | |
| | | | | | |
| | | | | | |
| | | | | | |
| 总分 | | | | | |

小林是一名高一学生，面临选科，他选了生物和历史，剩下的一门，他在物理和化学之间纠结不已。于是，他用生涯决策平衡单来做决策，最终选择了化学（如表 19）。

表 19 小林的生涯决策平衡单

| 考虑因素 | | 重要性（1~10） | 选择一 | 选择二 |
|---|---|---|---|---|
| | | | 物理 | 化学 |
| 影响决策的因素 | 专业覆盖面 | 8 | 10 | 8 |
| | 学习兴趣（潜能） | 10 | 5 | 9 |
| 总分 | | | 10×8+5×10=130 | 8×8+9×10=154 |

请你用生涯决策平衡单来决策自己的选科（填写表 18）。

## 职业生涯体验

和同学结伴，利用周末或假期，去超市、报社、书店、地铁站、饭店、药厂、医院、证券公司、法院等场所，进行职业体验，记录感受，相互交流。

## 拓展阅读

### 选择的智慧

李开复

最后一个可以帮助你做出正确抉择的智囊就是你内心深处的价值观、理想和兴趣了。这三者共同构成了我们内心深处最为真实的声音。

如何找到自己的“真心”呢？在感到不知所措的时候，我会用一个特别的“报纸头条测试法”来检验自己的言行。所谓“报纸头条测试法”就是在事后想一想：明天，如果在一份你的亲朋好友都会阅读的报纸上，你做的事被刊登为头条新闻，你会不会因此而感到羞愧？会不会无法面对自己的良心？如果不会，你做的事才对得起你自己的价值观。

下面是一个“报纸头条测试法”的真实使用例子。我在苹果公司工作时遇到了公司裁员，我必须要从两个员工中裁掉一位。

一位是我的师兄，他10多年前写的论文非常出色，但加入公司后很是孤僻、固执，而且工作不努力，没有太多业绩。他知道面临危机后就请我们共同的老师出面，希望我顾念同窗之谊，放他一马。

另一位是刚加入公司两个月的新员工，还没有时间表现，但他应该是一位有潜力的员工。

我内心里的“公正”和“负责”的价值观告诉我应该裁掉师兄，但我的“怜悯心”和“知恩图报”的观念却告诉我应该留下师兄。于是，我为自己做了“报纸头条测试”：在明天的报纸上，我希望看到哪一个头条消息呢？

（1）徇私的李开复，裁掉了无辜的员工；

（2）冷酷的李开复，裁掉了同窗的师兄。

虽然我不愿意看到这两个“头条消息”中的任何一条，但相比之下，前者给我的打击更大，因为它违背了我最基本的诚信原则。如果我违背了诚信原则，那么我既没有颜面见到公司的领导，也没有资格再做职业经理人了。

于是，我裁掉了师兄，然后我告诉他，今后如果有任何需要我的地方，我都会尽力帮忙。

这是一个痛苦的经历，它违背了我内心很强烈的“怜悯心”和“知恩图报”的价值观。但是，“公正和负责”的价值观对我而言更崇高、更重要。

理想与价值观一样重要。我在大学时订立了我的人生目标——让我的影响力最大化。这个理想帮助我做出了许多重要的决定，例如1998年回到中国创办微软中国研究院，2005年又毅然决定加入谷歌公司并再次回到中国创业，这些重大的选择其实都是我追随内心的表现：我认为我的理想可以在中国实现得更好。

大学生在25岁以前通常都会面临两个重要的选择：一是选择最适合自己的专业，二是选择最适合自己的工作。选择专业时，不应当只听从父母的意见，也不应当只看学校的名气大小或报考该专业学生的分数高低。相应地，选择工作时也不能单纯地考虑名、利、时尚等外在因素。我想，最重要的还是要听从你内心的声音，在综合权衡自己的理想、学习积累、天赋以及工作条件的基础上，做出正确的抉择。

每个人的“真心”“理想”“兴趣”不同，每个人的机遇不同，参加的团队不同，学习的机会不同，擅长的“态度”或“行为”也不同。所以，你有选择的权利，只要用智慧做出正确的选择，你就能成为“最好的你自己”。

青年朋友们，中国是了不起的国家，她即将成为世界上最大的市场和最大的人才中心。这里有无数的机遇在等着你们，只要你们用智慧主动选择，成功随时都有可能降临到你的身边。

（引自：《领导文萃》2007年第9期。有删改）

# 后记

## 阳光、庄稼一样生长

这个标题似乎有点儿过长，也有点儿诗意化，却也恰好传递了教育心理学在我内心的波澜，以及我对这本校本读本的偏爱和期盼。人有形，心有相。人性的研究就如我们把目光投向浩渺的宇宙，探索永无止境。人类需要思想的光合作用、心灵的光合作用，校本心理读本的推行和应用，就是期盼孩子们像阳光、庄稼一样生长，青春的世界有一片明媚的天空。

泸县二中的发展史，也是一部心理健康教育的发展史，从无到有，从起步到健全，从成熟到特色，这是校情的需要，教育的需要，时代的需要。20 世纪 90 年代以来，学校逐步形成了以“预防与发展”为原则，以“助人自助，自助助人”为目标的心育校本课程。2012 年，学校编写了广受好评的心育校本读物《让青春更阳光——高中生心理健康读本》。然而，伴随着时代的变迁和学生心理发展特点的变化，原来的读本在内容、案例、满足学生新的心理需求等方面都有相应的局限性，学校组织泸县二中教育集团心理团队对原读本进行了修订。修订后的读本保留了“学习心理篇”“人际交往篇”“自我意识篇”“情绪调节篇”“青春期心理篇”五个版块，对其下的小专题做了较多调整和更新；增加了“生涯规划篇”。新版读本共六个版块，26 个专题，旨在帮助学生学会学习、学会交往、学会自我认识和自我悦纳、学会调节情绪、正确认识和处理青春期的心理困惑、唤醒生涯规划意识，进而帮助学生健康、快乐、幸福地成长。本书更适合学生自读或在老师的指导下学习。

各专题编写人员情况如下：

学习心理篇：我有好心态（徐丽媛）

和时间赛跑（雷园媛）

我很专注（雷园媛）

我有好习惯（简丽）

我能自控（唐远琼）

人际交往篇：学会共情（徐丽媛）

学会拒绝（周香、张莎）

学会赞美（唐远琼）

学会求助——拓宽你的人生之路（叶绿）

自我意识篇：认识你自己（唐远琼、洪梦）

爱自己（胡潇潇、陈丽）

我能行——相信你自己（徐丽媛）

突破自我设限——让一切皆有可能（叶绿）

情绪调节篇：认识情绪，觉察情绪（雷园媛）

珍爱生命，活出价值（唐莉莉）

你可以不生气——控怒有方（叶绿）

学会与焦虑相处（唐远琼）

青春期心理：青春的秘密（叶绿）

做一名受欢迎的男生女生（江霞、武晓玲）

当危险来敲门——青春期的自我保护（唐远琼）

学会与异性相处（陈静、雷林义）

生涯规划篇：带着野心去学习（叶绿）

探索我的兴趣（杨元红、赵元莲）

天生我材必有用——职业能力探索（王萍、黄琳）

寻找人生的灯塔——职业价值观探索（徐丽媛、胡潇潇）

善于借力，智慧决策（石治惠）

本书得以顺利出版，离不开省、市、县领导及专家的指导、帮助和关心；离不开泸县二中教育集团心理团队的团结协作和潜心研究；更离不开西南师范大学出版社高等教育分社郑持军社长和雷兮的精心编辑。胡勇樵老师以及泸县二中高 2019 级 41 班（艺体班）李泳霏、刘子玮、胡秋霞、熊佳欣、易琳格、何芷乐、王子萱、陈李霞等同学绘制的精美插图，为本书增色不少。在此，对为本书的出版做出努力、给予关心的所有领导、专家、老师和同学表示诚挚的感谢！

教育探索永远在路上。疏漏难免，不足难免，谅解、指正、建议都是对我们的最大鼓舞和支持。616614322@qq.com，翘首以待！

“我永远都没有长大，但我永远都没有停止生长。”80 年的泸县二中，年老又年轻，永远都不会停止生长！

二中人、各位朋友，人性是有光芒的，教育是有光芒的，让我们的内心如庄稼一样生长。

张连奇

2021 年 3 月